D1693741

Reisen und Entdecken.
Vom Sepik an den Main

Hintergründe einer Ausstellung

2008
Herausgegeben von Eva Ch. Raabe

Impressum	Museum der Weltkulturen Frankfurt am Main Schaumainkai 29-37 60594 Frankfurt am Main www.mdw-frankfurt.de www.journal-ethnologie.de museum.weltkulturen@stadt-frankfurt.de
Redaktion	Eva Ch. Raabe, Gerda Kroeber-Wolf, Anette Rein, Katja Reuter
Fotos	Stephan Beckers, Bad Vilbel (Objekte u. Ausstellungsräume) Frobenius-Institut an der Johann Wolfgang Goethe-Universität Frankfurt am Main, Meinhard Schuster (S. 44, 49) und Siegfried Seyfarth (S. 2, 31, 42) Maria Obermaier, Frankfurt am Main (S. 59) Hermann Schlenker, Königsfeld-Burgberg (S. 24, 38, 55) Gisela Simrock, Frankfurt am Main (S. 50, 51)
Gestaltung	Renate Welkenbach, Wiesbaden
Ausstellungsgestaltung und Zeichnungen	Heike Schäfer-Kolberg, Heppenheim
Druck	Druckerei Hassmüller Graphische Betriebe GmbH & Co. KG Frankfurt am Main ISBN 3-88270-415-2
Förderer	Dezernat Kultur und Wissenschaft, Frankfurt am Main
Medienpartner	Hr2 Kultur

Erschienen zur Ausstellung
„Reisen und Entdecken.
Vom Sepik an den Main".
27.10.2007 – 30.08.2009

© Museum der Weltkulturen
Frankfurt am Main und Autoren 2008

INHALT | 3

Anette Rein	4	**Vorwort**
Eva Ch. Raabe	6	**An Main und Sepik – die Sammlung**
Katja Reuter	14	**„Das Dorf ist eine Frau."** **Geschlechterrollen und ihre gesellschaftlichen Veränderungen**
Eva Ch. Raabe	18	**Unterschiedliche Perspektiven – wie viel Wissenschaft braucht eine Ausstellung?**
Eva Ch. Raabe Heike Schäfer-Kolberg	22	**Gestaltung, Inhalt, Kontext – die Präsentation**
Eva Ch. Raabe Gerda Kroeber-Wolf Katja Reuter	28	**Räume 1 bis 6**
Meinhard Schuster	46	**Vom Main an den Sepik. Festrede zur Ausstellungseröffnung**
Eva Ch. Raabe Gerda Kroeber-Wolf Katja Reuter	52	**Räume 7 bis 13**
	76	**Literatur**
	79	**Autorenverzeichnis**

„Kunst oder Kontext"

ist eine seit Jahren aktuelle Frage in der Museumsszene – nicht nur in den völkerkundlichen Museen, sondern auch in Kunstmuseen. Wie viel Text und Information rund um ein Objekt kann man dem Publikum zumuten? Was soll im Vordergrund stehen: das Objekt mit seiner eigenen Wirkung aus sich selbst heraus – in seiner kulturellen Bedeutung dem Vorwissen und freien Assoziationen der Betrachtenden überlassen – oder sollten vielmehr die Geschichten, die sich Menschen rund um ein Objekt erzählen – als Produzenten, NutzerInnen, SammlerInnen, VerwalterInnen, KustodInnen, RestauratorInnen und BesucherInnen – im unmittelbaren Kontext einer Objektpräsentation vorgestellt werden?

Zu diesen Fragen hat die Kustodin der Abteilung Ozeanien, Eva Charlotte Raabe, eine Ausstellung unter dem Titel: „Reisen und Entdecken. Vom Sepik an den Main" konzipiert. Auf mindestens drei Ebenen der Betrachtung werden unterschiedliche Geschichten erzählt und die BesucherInnen können auswählen, worauf sie ihren Akzent setzen wollen. Es werden Geschichten erzählt über die Lebensweisen der Menschen am Sepik vor über 40 Jahren und wie die Objekte für das Museum gesammelt wurden. Ihre Wege in das Sammlungsdepot mit den verschiedenen Reisestationen entlang der beiden Flüsse Sepik und Main und die darauf folgenden Bearbeitungsformen innerhalb des Museums werden gezeigt.

Nach diesen detaillierten Informationen, die durch wechselnde Inszenierungen Eindrücke von Räumen und Orten am Sepik und im Museum vermitteln sollen, kommen die BesucherInnen am Ende in einer Ausstellung in der Ausstellung an. In dieser Kunstgalerie gibt es keine Informationen mehr über die Objekte, sondern die BesucherInnen sollen in einen Dialog mit den Werken treten und diese als „Kunst" im europäischen Verständnis genießen und bewerten.

Diese besondere Betrachtung der Objekte der Anderen ist auch Thema des vorliegenden Begleitbuches zur Ausstellung. Anhand von Fotografien der Rauminszenierungen wird die Diskussion über „Kunst oder Kontext" konsequent aufgegriffen und an Beispielen diskutiert.

Bei der Umsetzung des anspruchsvollen Ausstellungskonzepts wurde Eva Charlotte Raabe von Gerda Kroeber-Wolf und Katja Reuter sowie dem Team des Museums unterstützt. Die Gestaltung der Ausstellung entwickelte Heike Schäfer-Kolberg und das Design für alle Printmedien Renate Welkenbach.

Allen Beteiligten gebührt unser großer Dank, dass sie diese Reise durch Räume und Zeiten mit ihrem Engagement begleitet haben.

Dr. Anette Rein — Direktorin, Juni 2008

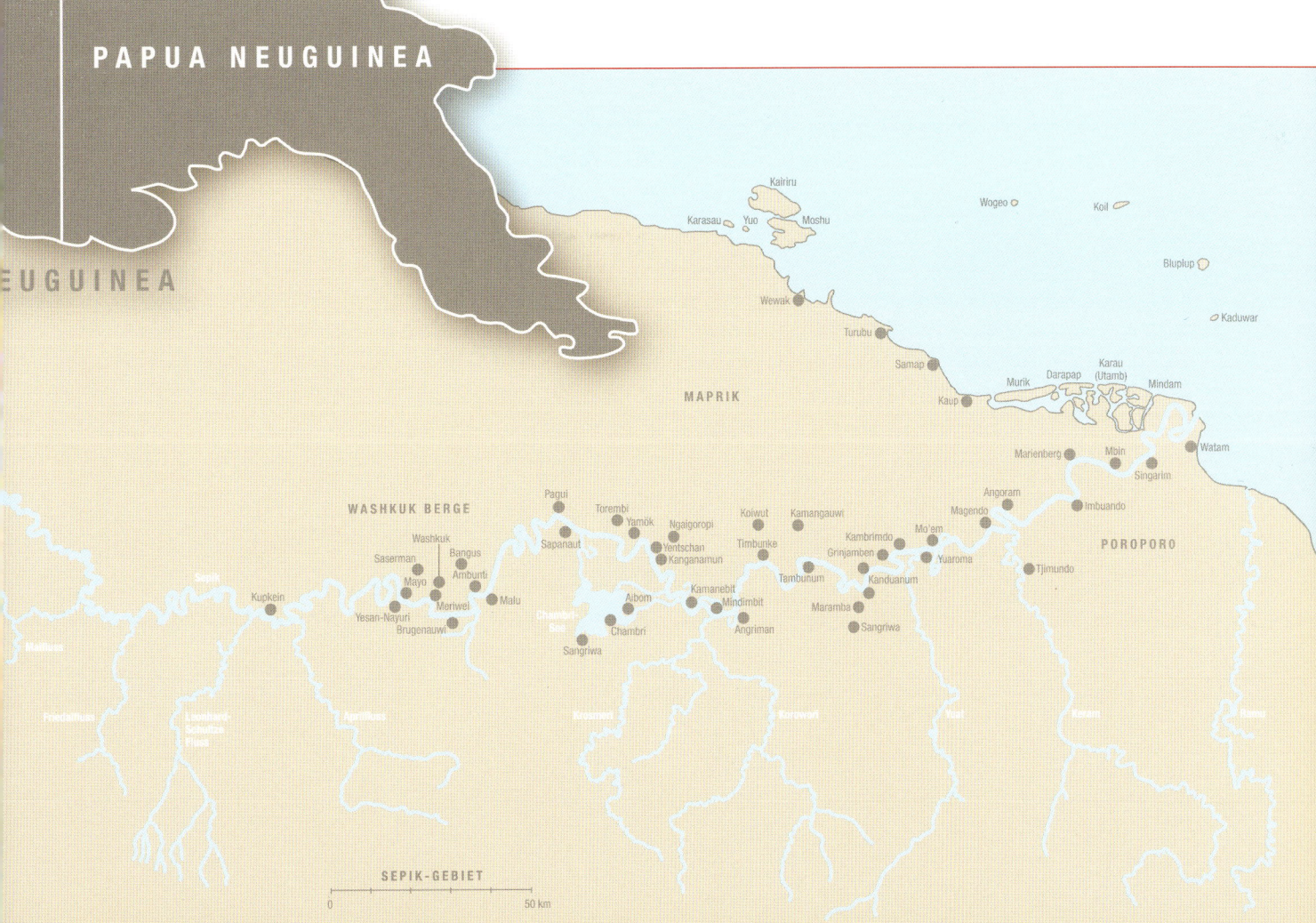

Eva Charlotte Raabe

An Main und Sepik – die Sammlung

Für die breitere Öffentlichkeit in Europa ist der Sepik in Papua Neuguinea ein nahezu unbekannter Fluss in einem bei uns nur noch selten erwähnten Land. Doch gerade in Deutschland gab es eine Zeit, in der dieser Strom kolonialpolitische und wirtschaftliche Begehrlichkeiten und damit auch allgemeines Interesse weckte. 1884 war der Nordostteil der Insel Neuguinea zum deutschen Schutzgebiet erklärt worden. Bereits zehn Jahre zuvor hatten deutsche Handelsfirmen im Bismarckarchipel und an den Küsten von Festlandneuguinea Niederlassungen gegründet. Um seine kolonialen Ansprüche gegenüber Großbritannien, das den Südosten der Insel in Besitz genommen hatte, zu festigen, verlieh das Deutsche Reich 1885 der Neu-Guinea-Kompanie das Recht zu landeshoheitlichen Befugnissen. Zu diesem Zeitpunkt war die Existenz des großen, damals auf den Namen Kaiserin-Augusta-Fluss getauften Sepik zwar bekannt, sein Verlauf jedoch noch weitgehend unerschlossen. War das Interesse an seiner Erforschung zunächst wirtschaftlicher Natur, wuchs das wissenschaftliche Interesse im ersten Jahrzehnt des zwanzigsten Jahrhunderts stark an. Mit den ersten Entdeckungsfahrten auf dem Fluss gelangten Objekte in die Sammlungen deutscher Museen, die Aufsehen und ethnographische Neugier erweckten. Der Sepik kam in Deutschland geradezu in Mode und die Völkerkunde-Museen im deutschsprachigen Raum bemühten sich, möglichst noch vor einer kompletten Ausplünderung durch Sammler und Händler zahlreiche Ethnographica zu erwerben (vgl. dazu Schindlbeck 2007: 67). Bis zum Ausbruch des ersten Weltkriegs, der das Ende der deutschen Kolonialzeit im Pazifik bedeutete, fanden eine Reihe von Forschungs- und Sammelexpeditionen auf dem Sepik statt, deren ethnographische Ausbeute vor allem den Völkerkundemuseen in Hamburg, Dresden und Berlin zugute kam.

An dieser regen Sammeltätigkeit hatte das Frankfurter Völkerkundemuseum jedoch keinen Anteil, besaß doch die Stadt Frankfurt zu Beginn der deutschen Kolonialzeit gar kein eigenes ethnologisches Museum. Die ethnographischen Sammlungen des naturkundlichen Senckenberg-Museums wurden 1877 dem Historischen Museum übergeben. Bei der Gründung des städtischen Völkermuseums im Jahr 1904 wurden in dieser neuen ganz der Völkerkunde gewidmeten Institution die ethnographischen Sammlungen des Historischen Museums, der Anthropologischen Gesellschaft und der Colonial-Gesellschaft zusammengeführt. In den Anfängen lag der Schwerpunkt der Ozeanienabteilung eher auf anderen Regionen als Neuguinea. Aufgrund ih-

rer Verbindungen mit deutschen Missionaren in Australien schenkte die Anthropologische Gesellschaft dem Museum für seine Südsee-Abteilung vor allem Objekte der australischen Aborigines. Über die Colonial-Gesellschaft kamen Sammlungen aus den afrikanischen Kolonialgebieten, nicht aber aus Neuguinea, an das Museum. Zwar brachte die Senckenberg-Sammlung wertvolle Stücke aus den deutschen Schutzgebieten in der Südsee ins Museum ein, diese stammten aber überwiegend von den Inselgruppen des Bismarck-Archipels – Neuirland (damals Neu Mecklenburg), Neubritannien (damals Neu Pommern) und den Admiralitätsinseln.

An den Eintragungen im Eingangsbuch lässt sich jedoch das wachsende Interesse an den Kulturen Neuguineas ablesen. Von Händlern oder anderen Völkerkundemuseen wurden mit zunehmender Regelmäßigkeit Kunst- und Alltagsgegenstände aus den verschiedenen Kulturgebieten Neuguineas angekauft bzw. eingetauscht. Besonders in den 1930er Jahren tätigten die verantwortlichen Mitarbeiter immer häufiger Ankäufe von Ethnographica aus dem Sepikgebiet, bis ihr Interesse schließlich 1961 zu einer großen Sammelexpedition führte. Mitarbeiter des Frobenius-Instituts trugen für das Museum an die 5000 Objekte zusammen und machten damit die Sepikregion Neuguineas auf einen Schlag zum Sammlungsschwerpunkt der Ozeanienabteilung.

Frankfurter am Sepik – die Expeditionen 1961 und 1963

Bis zu ihrer Trennung im Jahr 1965 bildeten das Frobenius-Institut und das Städtische Museum für Völkerkunde eine institutionelle Einheit unter gemeinsamer Leitung. Angeregt durch die von Alfred Bühler 1955/56 gesammelten Sepikbestände am Baseler Völkerkundemuseum beantragte der damalige Direktor Adolf Jensen Sondermittel bei der Stadt Frankfurt und beauftragte die Institutsassistenten Eike Haberland und Meinhard Schuster, am Sepik für das Frankfurter Museum zu sammeln (vgl. dazu Schuster 2003: 24f.). Vor der Öffentlichkeit begründete Jensen diese Sammeltätigkeit mit der Notwendigkeit, Wissenslücken zu füllen und Kulturgut vor seinem endgültigen Verschwinden zu retten. Jensen schreibt in der Einführung zu einem Ausstellungskatalog über die gesammelten Gegenstände vom Sepik:

„Unser Museum besaß bereits eine kleine Sammlung mit sehr schönen Stücken aus diesem Gebiet. Daher strebten wir schon lange danach sie auszubauen – dies umso mehr, als die traditionelle Kunst in Neuguinea wie allenthalben in der Welt der Naturvölker durch den Zusammenprall mit der modernen Zivilisation unaufhaltsam dem Untergang entgegengeht" (Jensen 1964: o. S.).

Damit traf Jensen offenbar auf ein öffentliches Interesse an der Vermehrung der Museumsbestände, denn die Stadt Frankfurt bewilligte ihm eine damals nicht unbedeutende Summe von 100 000 DM für die Sammelexpedition an den Sepik (Information von Meinhard Schuster, vgl. dazu Jensen 1964: o. S.). Für die Ethnologen Haberland und Schuster ergab sich mit dieser Reise auch die Gelegenheit, ein ethnologisch interessantes Gebiet kennenzulernen. 1961 lagen über die Expeditionsberichte der frühen deutschen Sepikforscher (Reche 1913, Schlaginhaufen 1910, Roesicke 1914, Schultze Jena 1914, Thurnwald 1921) hinaus auch die Sammlungen von Paul Wirz, Felix Speiser und Alfred Bühler (siehe Bühler 1960) und die Feldforschungsergebnisse bekannter amerikanischer Ethnologen vor – wie z. B. Margaret Meads Studie über die Mundugumor und Tschambuli in ihrem berühmten Buch „Sex and Temperament in Three Primitive Societies" (1935) oder Gregory Batesons Monographie „Naven"(1936 und 1958) über die Iatmul. Das in Europa und Amerika entworfene ethnographische Bild von der Sepikbevölkerung hatte sich verdichtet, gleichzeitig gab es jedoch noch viele offene Fragen nicht nur zur materiellen Kultur, sondern auch zum sozialen und religiösen Leben der unterschiedlichen Ethnien entlang des Sepiklaufes.

Nach dem ersten Weltkrieg wurde der ehemals deutsche Nordostteil der Insel als Mandatsgebiet ‚Neuguinea' im Auftrag der Vereinten Nationen von Australien verwaltet. Der britische Südostteil war schon bei Neubildung des Bundesstaates Australien (1901) an diesen übergeben worden und wurde als australische Kolonie unter dem Namen ‚Papua' geführt. Nach dem zweiten Weltkrieg legte Australien beide Teile zu einem gemeinsamen Verwaltungsgebiet unter der Bezeichnung ‚Territory of Papua and New Guinea' zusammen. Die Australier führten die Geldwirtschaft, ein Steuersystem und die allgemeine Schulpflicht ein. Neben den Verkehrssprachen Hiri-Motu (Papua) und Pidgin (Neuguinea) erhoben sie Englisch zur offiziellen Landessprache. Zu Beginn der 1960er Jahre arbeitete die australische Administration bereits auf die Etablierung einer neuguineanischen Selbstverwaltung hin. Im Jahr 1964 fanden erste Parlamentswahlen statt, 1965 wurde in der Hauptstadt Port Moresby eine nationale Universität gegründet und zur zweiten Wahlperiode 1968 traten organisierte politische Parteien an – darunter auch die von einheimischen Intellektuellen gegründete Pangu (Papua and New Guinea Union) Party.

War der Sepik als Kaiserin-Augusta-Fluss ein viel befahrener Strom im Herzen eines deutschen Kolonialgebietes, so lag er während der australischen Verwaltungszeit eher abseits des entwicklungspolitischen Geschehens. Beide Frankfurter Sepik-Expeditionen fanden zu einer Zeit statt, in denen der Fluss wieder seltener bereist wurde. Die verkehrstechnische Anbindung an die Küste hatte sich in den 1960er Jahren verbessert, denn es gab zum Sepikgebiet hin einige Straßen und eine Fluglandebahn in dem Flussdorf Angoram. Einer Schilderung des Sammlers Meinhard Schuster (1961:2) lässt sich jedoch entnehmen, wie beschwerlich das Reisen mit Expeditionsgepäck auch 1961 noch war:

„Beiderseits des Flusses erstrecken sich ausgedehnte, in der Regenzeit unter Wasser stehende und entsprechend moskitoverseuchte Sümpfe mit reichen Beständen an Sagopalmen, und erst in einiger Entfernung von den Flussufern geht das Land im Norden in Grassteppe, im Süden in Buschwald über, um dann langsam zu den Randgebirgen des Sepikbeckens anzusteigen. So spielt sich der Transport von Mensch und Ding vor allem zu Wasser ab: in großen und kleinen Einbäumen, die von Paddeln oder einem Außenbordmotor fortbewegt werden. Befahrbahre Straßen gibt es im Flussbecken so gut wie gar nicht, und die weiter landeinwärts und an den Gebirgshängen liegenden Dörfer konnten deshalb nur in langen und oft sehr mühsamen Fußmärschen mit Trägergruppen erreicht werden."

Als große Wasserstraße ins Innere Neuguineas bildete der Sepik den Reiseweg des Expeditionsteams, das aber nicht nur in den direkt am Fluss gelegenen Dörfern sammelte, sondern auch im südlichen Nebenflussgebiet und im Gras- und Hügelland nördlich des Sepik. Innerhalb von sechs Monaten (Februar – Juli 1961) kam eine umfangreiche Sammlung aus allen bekannten Stilregionen des Sepikgebietes zusammen.

Die Frankfurter Sepik-Expedition von 1961 fiel in eine Zeit kulturellen Wandels in Neuguinea, der durch den zunehmenden Einfluss australischer Verwaltung und Missionierung immer stärker vorangetrieben wurde. Auch die Bevölkerungsgruppen am Sepik befanden sich in einer Situation des Umbruchs. Bereits um 1930 war die Kopfjagd von den australischen Kolonialbeamten streng geahndet und bald ganz unterbunden worden. Da sie Basis und Angelpunkt des gesamten Ritualsystems gewesen war, kamen die meisten mit ihr verknüpften Zeremonien nach und nach zum Erliegen. Daher fühlten sich Haberland und Schuster in ihrer Sammeltätigkeit von Befürchtungen und Vorhersagen angetrieben, die einen unvermeidlichen Verlust kultureller Inhalte und Systeme ausmalten. Schuster (1961: 2) formulierte es folgendermaßen:

„Die Wertschätzung, die die Eingeborenen ihrem traditionellen Kulturgut entgegenbringen, sinkt immer mehr ab: das Gegenständliche zerfällt, das Geistige wird vergessen. Da es hoffnungslos ist, diesen Prozess aufzuhalten oder gar umkehren zu wollen, bleibt nur die Möglichkeit, solche Dokumente altertümlicher Kulturformen der Menschheit durch Eingriff von außen zu bewahren: das Gegenständliche zu sammeln und das Geistige, soweit es sich unserem Verständnis erschließt, in schriftlicher Form zu fixieren."

Sowohl Haberland (1987: 32) als auch Schuster charakterisierten die Expedition von 1961 als Sammelreise, auf der die ausführliche wissenschaftliche Dokumentation jedes einzelnen Gegenstandes hinter der großen Menge der gesammelten Objekte und der Organisationsarbeit für Transport und Verschiffung zurückbleiben musste:

„Die Frankfurter Expedition nun galt vornehmlich dem gegenständlichen Kulturbesitz – was die Erforschung von Bedeutung und Funktion der gesammelten Gegenstände natürlich einschließt, soweit die zeitliche Begrenzung des Unternehmens diese Arbeit zuließ; zumal bei Objekten, die in kultische Zusammenhänge gehören, sind detaillierte Erkenntnisse erst nach sehr langem Aufenthalt zu erhoffen" (Schuster 1961: 4).

Der Wunsch, sich auch intensiver mit dem Geistigen der Sepikkulturen, den Ideen und Weltbildern hinter den Gegenständen, auseinanderzusetzen, führte zur sogenannten zweiten Frankfurter Sepik-Expedition im Jahr 1963. Nachdem Eike Haberland bereits 1961 die Siedlungen der Yimar am oberen Korewori besucht hatte, um dort aus den verfallenen Männerhäusern Hakenfiguren zu bergen und für die Frankfurter Sammlung zu erwerben, war sein Interesse für gerade dieses Kulturgebiet geweckt worden (vgl.

Haberland 1987: 34). Zusammen mit Siegfried Seyfarth, seinem Schüler und Mitarbeiter des Frobenius-Instituts, ging er erneut ins Feld. Diesmal jedoch war der Aufenthalt als stationäre Feldforschung geplant, die von der Deutschen Forschungsgemeinschaft finanziert wurde. Siegfried Seyfarth hielt sich fünf Monate am Oberlauf des Korewori auf. Er lebte mit den Yimar, beobachtete ihren Alltag und befragte sie zu ihren religiösen Vorstellungen. Nebenher trug er auch eine Sammlung für das Städtische Museum für Völkerkunde zusammen (Haberland und Seyfarth 1974).

Der Sepik am Main – die Sammlungen

Die auf beiden Expeditionen erworbenen Gegenstände prägen heute maßgeblich das Profil der Ozeanienabteilung des Frankfurter Museums. Fast die Hälfte der Sammlungen vom Sepik stammt aus den Dörfern der Iatmul und Sawos am Mittellauf des Flusses. Bei den meisten der diesem Kulturbereich zuzuordnenden qualitativ herausragenden Kultgegenständen handelt es sich um Inventar und Architekturteile von Männerhäusern wie Hauspfosten, Ahnenfiguren, Aufhängehaken, große Schlitztrommeln, Rednerpulte, Giebel- und Firstfiguren. Die Männerhäuser waren religiöses und politisches Zentrum der Dörfer. Sie galten als Verkörperung der ersten weiblichen Klanahnin und trugen Namen mit weiblicher Endung. Aber auch jeder der tragenden Pfosten der Männerhäuser stellte ein mythisches Ahnenwesen dar und wurde daher individuell gestaltet und mit eigenem Namen benannt. Haberland und Schuster konnten 1961 im Sepikdorf Kanganamun insgesamt fünf und in Yamök und Sangriwa jeweils einen Männerhauspfosten erwerben. Vier der Pfosten aus Kanganamun stammen aus dem Männerhaus Munsimbit, das nach seinem Verfall nur in einer kleineren Version neben den alten stehen gebliebenen Pfosten wieder aufgebaut wurde (Haberland 1966a: 21). Zwar wurde im Rahmen der damals an Völkerkundemuseen üblichen Tauschgeschäfte einer der Hauspfosten nach Rotterdam abgegeben, die vier verbliebenen Pfähle aus Kanganamun gehören jedoch auch heute noch zu den eindrucksvollsten Stücken der Frankfurter Sammlung.

Eine andere umfangreiche, im internationalen Sammlungsvergleich besonders interessante Objektgruppe sind die Malereien auf Sagopalmblattscheide aus unterschiedlichen Regionen. Es handelt sich dabei um Schädelhalter, Giebelmasken und Kanuschilde der Iatmul und Sawos. Aus Avim, einem Dorf am Korowori, einem der südlichen Sepiknebenflüsse, stammt die aus sechsundzwanzig unterschiedlichen Einzelmalereien bestehende Wandverkleidung eines Männerhauses. Dachstuhlverkleidungen der Versammlungshäuser der Kwoma in den Washkuk-Bergen am oberen Sepik sind mit sechzig Malereien vertreten. Einen Höhepunkt schließlich stellt eine fast neun Meter hohe, farbenprächtig bemalte Giebelwand eines Kulthauses der Abelam aus dem nördlich gelegenen Maprikgebiet dar.

Neben Ritual- und Kultobjekten sammelten Haberland und Schuster aber auch Gegenstände des alltäglichen Gebrauchs wie Küchengeräte, Werkzeug, Jagdwaffen, Fischreusen und -speere, sechs vollständige Einbäume und zwei Auslegerboote aus dem Sepikmündungsgebiet – eines davon mit Mast und Segel. Bemerkenswert ist eine umfangreiche Sammlung von Gebrauchskeramik. Da in den 1960er Jahren die Frauen am Sepik ihre Küchenware aus Ton noch selbst herstellten, war es den Sammlern möglich, von der Herdschale über Kochgefäße und Essschalen bis zum Vorratstopf fast alles zu erhalten, was am Mittelsepik als Geschirrtyp in Gebrauch war. Besonders schöne Beispiele der Töpferkunst sind die großen Gesichtskeramiken, die mythische Ahnen verkörpern: Die Herdschalen tragen das Gesicht der entengestaltigen Ahnfrau Kolimangge, die den Menschen die Töpferei brachte, während die großen Vorratstöpfe mit dem Gesicht ihres adlergestaltigen Vaters Meintumbangge ausgestattet sind (Schuster, G. 1987: 314ff.).

Ein besonderes ästhetisches Erleben bietet eine Gruppe von Figuren aus der 1963 am Korewori erworbenen Sammlung. Es handelt sich um die als yipwon bezeichneten, im Männerhaus aufgestellten Hakenfiguren der Yimar sowie um die aripa-Figuren der benachbarten Inyai. Beide Figurentypen verkörperten Geistwesen, denen man vor und nach Jagden und Kopfjagden Speiseopfer darbrachte. Darüber hinaus bemühten sich Seyfarth und Haberland bei ihrem Aufenthalt am Korowori, eine ethnographische Sammlung zu erstellen, die nahezu komplett das gesamte Kulturinventar der Yimar abdeckt. Später erklärte und beschrieb Seyfarth die Sammlung in seiner Dissertation so ausführlich, dass sich aufgrund dieser Dokumentation jedes Stück in seinen kulturellen Kontext einordnen lässt. Seyfarths Publikation bildet damit eine hervorragende wissenschaftliche Basis für die Sammlungsarbeit im Museum (Haberland und Seyfarth 1974).

Besonders für Meinhard Schuster bedeutete die Sammelreise von 1961 den Beginn einer beständig fortgeführten ethnologischen Forschung im Bereich der Sepikkulturen. Im Jahr 1965 wechselte er vom Frobenius-Institut an das Baseler Museum für Völkerkunde und führte 1965 bis 1967 weitere Forschungen am Sepik durch. 1970 wurde er auf den Lehrstuhl des Baseler Seminars für Völkerkunde berufen und leitete die so genannte Basler Sepikexpedition von 1972 bis 1974, in deren Rahmen viele seiner Schüler in unterschiedlichen Dörfern am Sepik Feldforschungen zu Fragen der Wirtschaftsführung, der sozialen Organisation und Religion durchführten (vgl. Schindlbeck 1980, Hauser-Schäublin 1977). So können heute gerade dank der Baseler Forschungen viele Objekte der Frankfurter Sammlung in den richtigen kulturellen Kontext gestellt und in ihrer Bedeutung erklärt werden.

Die Basler Feldforschungen zu Beginn der 1970er Jahre fielen in eine Zeit der kulturellen Wiederbelebung in Neuguinea. 1973 begann die Selbstverwaltung des Staates Papua Neuguinea, der 1975 endgültig in die politische Unabhängigkeit entlassen wurde. Der erste einheimische Premierminister Michael Somare, der einer Ethnie vom unteren Sepik entstammt, unterzog sich als bereits erwachsener Mann in seinem Heimatdorf nachträglich der traditionellen Initiation. Dieses politische Zeichen von Wertschätzung der eigenen kulturellen Traditionen löste in vielen Gegenden Neuguineas eine Rückbesinnung auf die eigene Kultur und die Wiederaufnahme bestimmter Zeremonien und Rituale aus. Auch in den Dörfern am mittleren Sepik wurde die Initiation der jungen Männer, die in den Jahren nach dem zweiten Weltkrieg fast ganz zum Erliegen gekommen war, zumindest in den wichtigsten

Ritualabschnitten wiederbelebt. Dem Kameramann Hermann Schlenker gelang es, mehrere Initiationsfeiern zu filmen und zu fotografieren. In Zusammenarbeit mit den Basler Feldforschern und dem Institut für den Wissenschaftlichen Film in Göttingen wurden seine zahlreichen Filmdokumentationen vom Sepik publiziert. Seine Fotos erwarb das Frankfurter Museum für Völkerkunde zwischen 1990 und 1997 für das eigene Bildarchiv. Sie bilden heute zusammen mit den Schwarzweißaufnahmen, die Haberland, Schuster und Seyfarth während der Frankfurter Sepik-Expeditionen machten und die am Frobenius-Institut als Expeditionsdokumentation katalogisiert sind, eine weitere wichtige Quelle für die Arbeit mit der Frankfurter Sepiksammlung.

Objekte in der Migration

Nicht nur die Ethnologen und Sammler gingen am Sepik auf Forschungs- und Sammelreise, auch die von ihnen gesammelten Objekte wurden in Kisten verpackt auf eine lange Reise geschickt. Mit ihrem Abtransport aus den Sepikdörfern auf einem Dampfer den Sepik hinunter, mit ihrer Überseeverschiffung nach Deutschland bis zum Auspacken im Museumsmagazin wurden sie nicht nur physisch in eine andere Umgebung versetzt, sondern sie durchliefen damit auch einen Wandel an Bedeutung. Alle Gegenstände waren vor dem Zeitpunkt des Sammelns von Menschen am Sepik hergestellt und gebraucht worden und spiegelten deren Glaubensinhalte und Weltbilder wider. Als die einheimische Bevölkerung in einer Zeit starken Wandels begann, das Interesse an der eigenen Kultur zu verlieren, wechselten die Gegenstände ihre Besitzer. Sie wurden von Europäern erworben, die sie als wertvolle wissenschaftliche Belege ‚sterbender' Kulturen ansahen. In europäischen Museen wurden sie bewahrt, wissenschaftlich analysiert und der Öffentlichkeit in Ausstellungen präsentiert.

Heute sind die Gegenstände vom Sepik allerdings längst wieder im Bewusstsein ihrer ehemaligen neuguineanischen Besitzer angekommen. In Papua Neuguinea, wie auch in anderen ehemaligen Kolonialstaaten, besinnen sich viele Ethnien auf ihr kulturelles Erbe. So gab es zur Frankfurter Sammlung bereits eine Nachfrage nach dem Verbleib bestimmter Stücke. Ein neuguineanischer Ethnologe, der an einer Arbeit über die Männerhäuser am Mittleren Sepik schrieb, besuchte 2002 das Sammlungsmagazin. Während seiner Forschungsaufenthalte in den Dörfern der Region hatten ihm die klanältesten Männer den Auftrag erteilt, bei seinen Recherchen in den europäischen Museen aufzuzeichnen, wo die in früheren Jahren an Sammler und Händler abgegebenen beschnitzten Pfosten alter Männerhäuser heute zu finden seien. Da moderne Kommunikationstechniken den Menschen auch in abgelegenen Regionen wie dem Sepikgebiet die Kontaktaufnahme zu westlichen Kulturinstitutionen erleichtern, wird es in Zukunft sicher weitere Anfragen wie die der Iatmul-Ältesten geben. Zukunftsorientiertes Arbeiten an ethnologischen Museen bedeutet daher Erforschung und Identifikation der Bestände in Zusammenarbeit mit den Angehörigen der entsprechenden Kulturen (vgl. Raabe 2004: 242).

Durch ihre Reise an den Main sind die Gegenstände vom Sepik inzwischen im Bewusstsein vieler Menschen verankert. Sie spiegeln nicht nur die kosmologischen Vorstellungen ihrer Herkunftsethnien wider, sondern auch deren aktuelle Bemühungen, über Objekte den Bezug zu kulturellen Traditionen zurückzugewinnen. Als museale Sammlungsgegenstände sind sie aber auch zu einem Teil der europäischen Entdeckungs- und Wissenschaftsgeschichte geworden. Und für Ethnologen leisten die ethnographischen Sammlungen in den Museen schon immer einen wesentlichen Beitrag zur Forschungsarbeit. In gewisser Weise lassen sich ethnographische Sammelobjekte in einem Museumsmagazin mit ‚Gastarbeitern' vergleichen, die zu einer bestimmten Arbeit ins Land geholt werden, dann bleiben, den Kontakt zur ursprünglichen Heimat weiter pflegen, gleichzeitig aber auch die Kultur ihres Gastlandes beeinflussen und prägen.

Die Sepikobjekte im Museum der Weltkulturen erhielten jedoch bis heute nicht die Chance, in einer angemessenen Unterbringung das städtische Bild mit zu prägen und ein fester Bestandteil Frankfurter Stadtkultur zu werden. Da das völkerkundliche Museum nach seiner Zerstörung im zweiten Weltkrieg kein neues für Dauerausstellungen geeignetes Haus erhielt, verschwanden die Sepiksammlungen bei ihrer Ankunft in Frankfurt sofort im Museumsmagazin. Dort standen sie zwar den wissenschaftlichen Mitarbeitern zur ethnologischen Forschung zur Verfügung, blieben aber der Öffentlichkeit weitgehend unbekannt. Viele Objekte wie die Männerhauspfosten, Schlitztrommeln oder Boote konnten schon allein aufgrund ihrer Größe und ihres Gewichts nicht in kleinen Sonderausstellungsräumen aufgestellt werden. Einschließlich der aktuellen Ausstellung „Reisen und Entdecken. Vom Sepik an den Main" gab es in Frankfurt nur vier Wechselausstellungen, in denen eine Auswahl der 1961 und 1963 erworbenen Stücke besichtigt werden konnte.

In keiner der Ausstellungen wurden die Sammlungsgegenstände als reine Kunstwerke ästhetisiert und damit – im Gegensatz zu vielen anderen ethnographischen Sammlungen – auch noch nicht dem ethnologischen Kontext entrückt. Ihre Bedeutung ist bisher nicht anhand europäischer Kunstkriterien wie Provenienz, Alter, Seltenheit und Marktwert festgeschrieben, sondern wird hauptsächlich noch aufgrund der Erforschung ihres indigenen Symbolgehalts, ihrer indigenen gesellschaftlichen Relevanz oder religiöser Aussagekraft definiert. Allerdings geraten die Sammlungsstücke aufgrund ihrer seltenen Präsentation in Frankfurt in einen unglücklichen Kreislauf. Auf Dauer nicht ausgestellt zu werden, bedeutet, nicht öffentlich wahrgenommen zu werden. Damit kann auch keine öffentliche Lobby entstehen, die sich für Ausstellungsgelder und den Bau eines geeigneten Museums einsetzt. Die Stücke müssen im Magazin bleiben und geraten immer mehr in Vergessenheit, bis schließlich auch das Interesse am Erhalt der Sammlung und ihrer wissenschaftlichen Bearbeitung schwindet.

Die Stadt Frankfurt diskutiert zur Zeit erneut Pläne eines Erweiterungsbaus für das Museum der Weltkulturen – in Zukunft wird sich erweisen, ob man den Dingen, die vor über vierzig Jahren vom Sepik an den Main geholt wurden, einen angemessenen Raum in Frankfurt zugestehen wird.

Katja Reuter

»Das Dorf ist eine Frau« – Geschlechterrollen und ihre gesellschaftlichen Veränderungen

 Die Trennung in „Welt der Frauen" und „Welt der Männer" fällt dem Besucher der Ausstellung „Reisen und Entdecken. Vom Sepik an den Main" sofort auf. Warum wird hier so deutlich unterschieden? Die Frau am Herd, der Mann im Klub? Wie veraltet sind gar die Museumsstrukturen, dass die Gleichstellungsdiskussion keinen Platz findet? Sind die emanzipatorischen Bewegungen am Museumsufer vorbeigelaufen? Nein! In dieser Ausstellung wird gezeigt, wie die Bereiche der Männer und Frauen in den Gesellschaften am Mittelsepik in Papua Neuguinea nebeneinander liegen und ineinander greifen, ja wie wichtig die Trennung ist, um die Welt zu erklären.

Die sinnstiftende Ordnung beruht auf einem dualen System wie männlich – weiblich, Kultur – Natur, Zentrum (innerhalb des Männerhauses) – Peripherie (außerhalb des Männerhauses), Sperma – Blut, Vater – Mutter, Himmel – Erde. Männliches und weibliches Prinzip gehen ineinander über oder bilden zusammen eine übergreifende Einheit – der eine Bereich kann nicht ohne den anderen sein: Stets enthält der männliche einen weiblichen Teil und der weibliche einen männlichen Teil.

Zum Beispiel bekommt das Männerhaus den Namen einer Ahnfrau und sein First wird von einer weiblichen Giebelfigur getragen. Flöten, Schwirrhölzer und Trommeln treten als Paar auf (Hauser-Schäublin 1977: 165, Schindlbeck 1985) und die langen Bambusflöten stehen für die weiblichen Ahnen in den wichtigsten von Männern durchgeführten Ritualen der Klane (Stanek 1994: 219).

Schon rein äußerlich erkennt man im Dorf die Trennung der Bereiche. So liegen die Männerhäuser deutlich vom Wohnbereich getrennt. Die Pfade, die durch das Dorf führen, werden in männliche und weibliche Wege eingeteilt. Im Haus der Familie bewohnt der Mann den rechten Bereich neben der Eingangstür und die Frau den linken Bereich, in dem sich auch die Küche mit der Feuerschale befindet. Im hinteren Teil leben die Mutter des Mannes, eine Schwester, oder die anderen Ehefrauen. Gehören erwachsene Söhne noch mit zum Haushalt, bewohnen sie einen Bereich im vorderen Teil beim Vater und die Ehefrau zieht in den hinteren Bereich. Die Trennungen werden mit Hilfe von Längs- und Querunterteilung durch Eingangstür, Tragpfosten, Wäscheleinen und Sagovorratstöpfen markiert. Die Dorfgemeinschaft ist in zwei soziale Hälften geteilt, in die männliche 'Himmels-Hälfte' und die weibliche 'Erd-Hälfte'; diesen Hälften wiederum sind verschiedene Klane zugeordnet. Eine Heirat ist ideal, wenn sie einen Klan der männlichen Hälfte mit einem der weiblichen Hälfte verbindet. Dabei sollte eine Tochter in den Klan des Mutterbruders zurückkehren, um diesen zu stärken (Schuster 1964: 39f, Hauser-Schäublin 1977: 78, Wassmann 1987).

„In der Gesellschaft der Iatmul gibt es keine zentrale Macht, keinen Chef und keinen Rat der Ältesten. Es gibt verschiedene Clans, die in einem ausgeprägten Rivalitätsverhältnis zueinander stehen und darauf achten, dass keiner von ihnen die Übermacht gewinnt. Selbst bei einem Streit, ja bei einem Delikt, wird die Sache unter den Betroffenen geregelt. Und jedes gemeinsame Unternehmen wird in stundenlangen Diskussionen besprochen, und wer nicht einverstanden ist, macht nicht mit" (Weiss 2001: 22).

Rollen und Aufgaben von Frauen und Männern

Die Trennung von Männlich und Weiblich zeigt sich im täglichen Leben in der stringenten Arbeitsteilung. Neben der Kindererziehung ist die Frau für die Ernährung ihrer Familie verantwortlich. Von der weiblichen nahrungsspendenden Kraft wird in einer Mythe erzählt, in der die Ahnfrau Kapmakwatembe ihre Tochter mit Lebensmitteln versorgt. Die Ahnfrau erscheint als Wald, der auf den See hinausfährt, um dort ihre Tochter zu treffen und ihr Kokosnüsse, Betelfrüchte, Sagomehl, Eier von Krontauben und Kasuaren auszuhändigen. „Der Wald ist dicht, die Stämme der hohen Bäume sind mit Kletterpalmen und Lianen verwachsen, die Melodien der großen Bambusflöten ertönen über dem Sagosumpf" (Amuyaragwa in Stanek 1982: 31). Der Ehemann der Tochter fragt sich, woher die Nahrung stammt und möchte seine Frau begleiten. Obwohl sie es ihm verbietet, fährt er eines Tages heimlich vor der Frau auf den See hinaus, um die Transaktion zu beobachten. Er wird von Kapmakwatembe entdeckt und geht unter. Auch die Ahnfrau versinkt als Wald in den See – sie hat sich in den See verwandelt. So sind alle Seen in der Dorfumgebung Frauen. Wenn sich die Fische im See vermehren sollen, sprechen die Frauen sie mit Zauberliedern an. Auch das Dorf ist eine Frau:

„Das Leben im Dorf, wie in den Seen und Wäldern geschieht durch die Kraft der Frauen, die Frau ist etwas außerordentlich wichtiges! So besagt es unsere Mythologie … . Der Mann wird aus der Frau geboren. Nur wenn es Frauen gibt, gibt es Kinder und gibt es Männer. … [Den] Mann muß es auch geben, dass es Kinder gibt'" (Nagwan in Stanek 1982: 37).

Über achtzig Prozent des Lebensmittelbedarfs wird von der Frau mit Fischen und der Gewinnung von Sago gedeckt (Stanek 1982: 28, Weiss 1994a). Frauen, die in den Dörfern am Sepikfluss leben, betreiben primär Fischfang und Frauen, die weiter landeinwärts leben, haben sich auf die Sagogewinnung spezialisiert. Sago, Fisch, die tönernen Vorratstöpfe, in denen Sago lange haltbar ist, Herdschalen und Kochgeschirr werden auf dem Markt zwischen den verschiedenen Dörfern getauscht. Die gesamte Gebrauchskeramik wird von Frauen selbst hergestellt. Der Markt liegt exklusiv in Frauenhand und es besteht eine feste Sitzordnung, die von den Müttern an die Töchter weitergegeben wird (Schindlbeck 1980: 247f., Hauser-Schäublin 1977: 38f.). Gewalt an Frauen, aber auch der Geschlechtsverkehr sind hier (in Sagowald und der Nähe des Marktes) mit einem absoluten Tabu belegt, das auf der Vorstellung vom Ursprung des Nahrungsmittels basiert. Die Frau gibt dem Ehemann seine Nahrung. Nach einem Streit z.B. darüber, dass der Mann das Kanu nicht repariert, lässt die Frau die Tasche ihres Mannes, in die sie sonst täglich frische Sagofladen für den Tag hineinlegt, leer und er bleibt hungrig. Hingegen hat die Frau ohne den Mann kein Kanu und kein funktionstüchtiges Haus. Mann und Frau sind aufeinander angewiesen. Sie sind gleichberechtigte Partner, wobei Frauen bei der Partnerwahl eine aktive Rolle einnehmen. Sie ergreifen die Initiative zur Anbahnung einer Beziehung. Die Männer dagegen versuchen durch Aussehen, Schmuck und tänzerisches Können die Aufmerksamkeit der Frauen auf sich zu ziehen (Hauser-Schäublin 1977: 74f und 1985: 521, Stanek 1983: 21, Weiss 2001: 23). Die Frauen sind selbstbewusst und schreiten stolz durch das Dorf (Schindlbeck 1980: 270f., Weiss 2001: 24f).

Dennoch gilt Stolz in der Gesellschaft der Iatmul als männliche Eigenschaft (Hauser-Schäublin 1977: 130). Es sind die Männer, die die religiöse und politische Führung inne haben und gemeinsame Entscheidungen im Männerhaus fällen. Hier haben Frauen keinen Zutritt. Auch im Männerhaus besteht eine feste Sitzordnung, die vom Vater an den Sohn vererbt wird. Die Männer sind Handwerker und Jäger. Sie bauen Häuser und Kanus und handeln mit Schweinen und Hunden. Ihre Kunstfertigkeit fließt in die Bearbeitung und Gestaltung von rituellen Gegenständen und Musikinstrumenten ein, wobei bestimmte Rituale und Regeln eingehalten werden müssen. Die Schnitzereien beinhalten eine mythologische Aussagekraft und sie bekommen ahnzugehörige Namen. Die Vorstellung von der Beseeltheit der Natur und den Gegenständen spiegelt sich in den Schnitzereien wider.

Die Rolle der Männer als 'Hüter des Wissens' ist ganz besonders wichtig. Die Gesellschaften am Mittelsepik bewahren ihr Wissen mittels mündlicher Überlieferung. Während der Initiation geben die älteren Männer dieses an die Jüngeren weiter (Stanek 1982: 40ff. und 1987: 631, Wassmann 1987: 515ff.). Ein Junge vollzieht in der Initiation den Schritt der Loslösung von der Mutter, vom mütterlichen Blut, dem weiblichen Prinzip. Er stirbt, wächst heran und wird wiedergeboren in die soziale Welt der erwachsenen Männer. Frauen sind bei der Durchführung der Initiation ausgeschlossen, doch übernehmen einige Männer (Mutterbrüder) die Frauenrolle. Sie schmücken sich mit dem Faserrock der Frauen und umsorgen gleichsam mütterlich die Jungen (Wassmann 1987: 518f., Stanek 1994: 226). Dieses weitergegebene Wissen der Männer umfasst die Klanmythen und Genealogien, die Kenntnis über die Orte der Wanderung des Klans und das klaneigene Wirtschaftsgebiet sowie Geschichten der Ahnen. Streitigkeiten zum Beispiel um Landnutzungsrechte werden im Männerhaus durch öffentliches Rezitieren der Mythen und darin genannter Rechtsansprüche gelöst. Auch hier spielt das weibliche Prinzip hinein, denn der 'Ursprungsort' aller Menschen ist ein weibliches Wesen (Stanek 1982: 40ff. und 1987: 631, Wassmann 1987: 515ff.).

Die Durchführung von Zeremonien mit Tänzen und Musik, Kriegsführung und die rituelle Kopfjagd zählten schon immer zu den Aufgaben der Männer. Jedoch wurden die Iatmul und andere Gesellschaften am Mittelsepik in den 1920er Jahren von der australischen Verwaltung unter Androhung der Todesstrafe gezwungen, die Kopfjagd aufzugeben. Alle dazugehörenden Rituale verblassten zunehmend, während die Jungen-Initiation in den 1970er Jahren anlässlich des Aufbruchs von Papua Neuguinea in die politische Unabhängigkeit eine kulturelle Wiederbelebung erfuhr (Stanek 1994: 233, Weiss 1994b: 238).

Kulturelle Veränderung und Migration in die Städte

Seit den 1920er Jahren befinden sich die Dörfer am Mittelsepik in einer Zeit des Umbruchs. Viele Jüngere wandern auf der Suche nach bezahlter Arbeit in die Küstenstädte ab. Die Gemeinschaft, die früher durch eine Vielzahl gut vernetzter Mitglieder Sicherheit und Stärke vermittelte, wird dadurch geschwächt. Die Menschen im Dorf können nur kleine Geldbeträge aus dem Verkauf ihrer Gartenfrüchte, dem Anbau von Kaffee oder Kakao und gelegentlichen Verkäufen von Kunstobjekten erwirtschaften. Während die Arbeitsteilung im Dorf weiter bestehen bleibt, erfährt sie in den Städten eine grundlegende Veränderung. Auch die Rolle von Männern und Frauen muss hier neu definiert werden (Stanek 1994: 232f, Weiss 1990: 38 und 1994b: 255). Bereits um 1990 lebten etwa fünfzig Prozent der Sepikbevölkerung außerhalb ihrer Dörfer in städtischen Siedlungen. Die Struktur des Dorfes findet sich hier in der Anordnung der Häuser wieder (Weiss 1990: 44).

"... alle haben Arbeit, niemand hungert und die meisten Kinder gehen in die Schule ... man genießt die Möglichkeiten, welche die Stadt bietet: gute Schulen und Kliniken, Kinos, die Möglichkeit, Geld zu verdienen und auszugehen" (Weiss 1990: 44).

Darüber hinaus unterhält man weiter enge Kontakte zum alten Dorf. Es wird untereinander geheiratet, die Jungen kehren ins Dorf zurück, um initiiert zu werden, Geld zur Versorgung der Alten wird gezahlt und man leistet Vorauszahlungen für die eigene Alterszeit (Weiss 1990: 44).

Die traditionelle Rollenverteilung von Mann und Frau kehrt sich in den Städten ins Gegenteil. Männer werden zu ‚Ernährern' ihrer Familie und gehen einer bezahlten Arbeit nach, während Frauen zu Hausfrauen werden und vom Einkommen ihrer Ehemänner abhängig sind. Nicht selten wird das Gehalt am Zahltag für Feiern und Alkohol ausgegeben und es bleibt wenig Geld für die Ernährung der Familie. Frauen verlieren in der Stadt meist ihre autonome Stellung, und nicht selten treten psychische Störungen auf. Eine gute partnerschaftliche Beziehung und wirtschaftliche Allianz ist daher fundamental zum Überleben. So verwalten heute viele Iatmul-Frauen das Geld ihrer Familien und tragen weiter durch den Verkauf von Gartenprodukten und selbstgemachtem Schmuck und Netztaschen zum Unterhalt bei. Für die Frauen kommt eine neue Aufgabe hinzu: Die Förderung ihrer schulpflichtigen Kinder und deren Leistungen (Stanek und Weiss 1998, Weise 1993: 37f., Weiss 2001).

Nicht viele haben es ‚geschafft', nicht viele können sich ihren Lebensunterhalt verdienen und die Bildung ihrer Kinder unterstützen. Arbeitslosigkeit, Gewalt, besonders Gewalt an Frauen, Alkoholismus, AIDS und Prostitution sind Probleme, mit denen sich Papua Neuguinea heute auseinandersetzen muss. Zum Beispiel ist es für Frauen schwierig, ein Studium abzuschließen und Karriere zu machen. Selbst die Universität Papua Neuguinea ist bekannt dafür, dass Studentinnen sexuelle Gewalt und Erniedrigungen erfahren (Amnesty International 2006, Weise 1993: 40f., Weiss 1991: 15ff.). Die sinnstiftende Ordnung der Welt, die auf einem dualen System beruht, erfährt eine Krise. Das Leben am Sepik, wie es diese Ausstellung skizziert, gehört weitgehend der Vergangenheit an. Die Lebensrealität der Menschen hat sich verändert. Susan, eine studierte Frau aus Papua Neuguinea, formuliert es folgendermaßen:

"Heute sind es die Männer, die in den Dörfern Produkte anbauen, die auf dem Weltmarkt verkauft werden: Kaffee, Kakao, Kopra. Wem gibt man Kredite, um ein Unternehmen aufzubauen? Den Männern. Die Frauen ernähren wie früher ihre Familien, doch da diese Arbeit unbezahlt ist, scheint sie weniger wertvoll zu sein. Wer bestimmt die Politik des Landes? ... Überall nur Männer" (nach Weiss 1991: 17).

Eva Charlotte Raabe

Unterschiedliche Perspektiven – wie viel Wissenschaft braucht eine Ausstellung?

Sammeln, Forschen, Bewahren und Ausstellen sind die althergebrachten klassischen Aufgaben völkerkundlicher Museen. Während vom Laienpublikum eine gut verständliche, vereinfachte und vor allem unterhaltsam Vermittlung wissenschaftlicher Inhalte erwartet wird, fordern die Vertreter des Fachs Ethnologie eine wissenschaftlich korrekte, detailgetreue Darstellung ihrer Forschungsergebnisse. Die Mittlerstellung zwischen fachfremder Öffentlichkeit und wissenschaftlicher Disziplin macht jede Ausstellungsarbeit zu einem Balance-Akt zwischen wissenschaftlicher Genauigkeit und allgemein verständlicher Zusammenfassung ethnologischer Sachverhalte. Beim Konzeptentwurf, beim Schreiben von Ausstellungstexten, aber auch bei der Auswahl der Exponate beschäftigen jeden Ausstellungsautor immer wieder folgende Fragen: Wie ausführlich muss man eine Ethnie, eine Region oder ein Land beschreiben – wie viel Vorwissen kann man bei Besuchern und Besucherinnen voraussetzen? Welche Objekte muss man zeigen und wie viel Hintergrundinformationen dazu vermitteln, damit das Bild einer Kultur möglichst vollständig erscheint? Welche Inhalte sind zum Verständnis unverzichtbar und bei welchen handelt es sich um, im Rahmen einer Ausstellung, zu weit führendes ethnologisches Fachwissen?

Anders als in Büchern wird in Ausstellungen Wissen nur zu einem kleinen Teil über das geschriebene Wort vermittelt. Man geht ins Museum, um sich die Exponate anzusehen – nicht um Texte zu lesen. Museumspädagogische Studien haben ergeben, dass meist nur ein Bruchteil des Textangebots in Ausstellungen gelesen wird. Das Schauen macht das eigentliche Erleben im Museum aus. Das bedeutet beim Abfassen von Wandtexten immer die Vereinfachung eines komplizierten Zusammenhanges. Zwar lassen sich Herstellung und Gebrauch eines Gegenstandes in begleitenden Fotos verdeutlichen, wie aber will man ohne Text solche Phänomene wie Symbolcharakter, religiöse Glaubensvorstellungen oder Wertzumessungen erklären? Für ein ethnographisches Objekt bedeutet daher die Ausstellungspräsentation immer auch eine Reduzierung auf wenige, einfach zu vermittelnde Bedeutungen.

Das lässt sich am Beispiel der so genannten „Figurenstühle" der Iatmul vom mittleren Sepik anschaulich nachvollziehen. Aufgrund ihrer Ähnlichkeit mit Stühlen wurden sie in der älteren Literatur oft noch als „Sessel" in die Kategorie der „Sitzgeräte" eingeordnet (s. Reche 1913: 164). Es handelt sich jedoch nicht um Sitzgelegenheiten, sondern um Rednerpulte, die mitten im Männerhaus dicht am First tragenden Mittelpfosten standen. Bei Diskussionen um soziale und politische Belange traten die Redner an das Zeremonialpult und legten wie zur Bekräftigung ihres Vortrags für jedes vorgebrachte Argument ein Palmfiederblatt auf der Pultfläche ab. Diese praktische Funktion eines solchen Pults ist eng mit seinem sakralen Aspekt verbunden. In der Vorstellung der Iatmul existieren verschiedene auf die Welt aktiv Einfluss nehmende Wesenheiten: Schöpferwesen und Kulturheroen, Waldgeister und die Seelen der Verstorbenen. Treten sie in Kontakt mit den Menschen, werden alle diese Wesen als wakin bezeichnet (Schmid u. Kocher-Schmid 1992: 9). Es gibt eine große Anzahl von wakin, die den verschiedenen Abstammungsgruppen, den Klanen, zugeordnet werden.

Ein solches Geistwesen ist Klanahn und Schutzgeist in einem und besetzt während bestimmter Rituale den Zeremonialstuhl bzw. das Rednerpult in dem Männerhaus, das den Angehörigen seines Klans gehört. Die Klane eines Dorfes gehören entweder zur Erd- oder zur Himmelshälfte. Den Hälften wird jeweils ein mit Kulturheroen und Schöpferwesen verbundenes Haupt-wakin zugeordnet. Die Vielzahl klanspezifischer wakin-Geister wiederum ergibt sich aus einer isolierten Betrachtung unterschiedlicher Eigenschaften der Haupt-wakin. Diese wurden früher auch bei Kopfjagdzügen aktiviert und fuhren dann in die mit Masken besetzten Schilde der Kriegskanus. Viele figürliche im Männerhaus aufgestellte Darstellungen und zahlreiche der gemalten Gesichter auf Schädelhaltern und Wandgestellen sind wakin und damit kraftgeladen (Bateson 1958: 125–126; Schmid u. Kocher-Schmid 1992: 21 u.45; Stanek 1987: 631–634). Es handelt sich hier um ein uns fremdes religiöses Prinzip, das sich in der Übersetzung nur mit Behelfswörtern wie Urahn, Klanahn oder Geistwesen umschreiben lässt. In den Berichten der Feldforscher findet man immer wieder voneinander abweichende Interpretationen der wakin-Rituale und der dabei verwendeten Zeremonialgegenstände.

Um als kulturell Außenstehender nur annähernd nachzuvollziehen, was ein mit den Kräften des wakin geladenes Pult für die Iatmul selbst bedeuten könnte, muss man sich also genau mit der Fachliteratur zu Mythologie, Religion und Verwandtschaftssystemen der Sepik-Bevölkerung auseinandersetzen. Hingegen fasst eine auf Ausstellungsumfang gekürzte, schnell zu begreifende Objektbeschreibung die ethnologischen Zusammenhänge ungefähr so zusammen: „Für die

Iatmul verkörpern die Zeremonialpulte den Begründer des Männerhauses, nämlich den wichtigsten männlichen Ahn der jeweiligen Männerhausgemeinschaft, und tragen dessen Namen." Damit wird in aller Kürze verständlich gemacht, dass dieser stuhlförmige fremde Gegenstand ein für seine indigenen Hersteller und Nutzer bedeutendes Sakralobjekt darstellt. In diesem Bewusstsein werden die meisten europäischen Betrachter über die ästhetischen Qualitäten des Gegenstandes anders nachdenken als in dem Glauben, es handele sich um ein zwar schön gestaltetes, aber eben profanes Möbelstück.

Wenn also eine Wertschätzung fremder Kulturerzeugnisse vermittelt werden konnte, warum bleibt dann den Museumsethnologen trotzdem immer ein Gefühl von Unzufriedenheit? Jede Form von Zusammenfassung oder Kürzung birgt auch die Gefahr der Verfälschung. Weder kann man bei der Vermittlung von komplexen Zusammenhängen außereuropäischer Kulturen an ein europäisches Ausstellungspublikum alle für die wissenschaftliche Analyse relevanten Details berücksichtigen, noch gelingt es dabei, der Eigensicht indigener Bevölkerungen gerecht zu werden. Es bestehen ja nicht nur die Unterschiede zwischen den Kulturbeschreibungen in wissenschaftlichen Abhandlungen und denen in populärwissenschaftlich aufbereiteten Texten. Nicht anders als die Museumsbesucher betrachten auch die Vertreter der ethnologischen Fachdisziplin und die Autoren von Ausstellungen in Europa die von ihnen dargestellten nicht-europäischen Kulturen von außen. Andere Kulturen können so immer nur aus einer niemals ganz zu überwindenden Distanz gesehen werden.

Am Beispiel der Rednerpulte zeigt sich die Komplexität der indigenen Perspektive. Das Verhältnis eines Iatmul oder Sawos zum Rednerpult in seinem Männerhaus wird von der Ehrfurcht vor dem Sakralen und von dem Respekt seinem wakin gegenüber bestimmt. Darüber hinaus handelt es sich für ihn auch um einen mit Eigennamen benennbaren Gegenstand aus dem Eigentum eines ganz bestimmten Klans. Bei den indigenen Gruppen am Sepik ergibt sich der Wert sakraler Gegenstände nämlich auch aus ihrer verwandtschaftlichen Zugehörigkeit und ihrer Verbindung mit der Klangeschichte. Zwar finden sich in Ausstellungen Objektbeschriftungen wie „Rednerpult, Iatmul, Dorf Korogo", aber Klanbezeichnung oder gar der individuelle Name des Stücks werden nicht genannt, weil sie vom Sammler oft nicht aufgezeichnet wurden. Damit fehlen aber gerade die für die Gruppen am Sepik identifikationsstiftenden Angaben. Die Dörfer am Mittellauf des Flusses werden in der Fachliteratur zwei größeren ethnischen Gruppen zugeordnet. Diese sprechen zwar unterschiedliche Sprachen, stehen aber in engem wirtschaftlichen und kulturellen Austausch und ähneln sich in ihrer materiellen Kultur sehr: Direkt am Fluss leben die Iatmul, während die Sawos im nördlich gelegenen Buschland siedeln. Die Bewohner der Sepik-Dörfer verstehen sich allerdings nicht als Iatmul oder Sawos, sondern definieren ihre Gruppenidentität über Klan- und Dorfzugehörigkeit. Jeder einzelne Klan ist für bestimmte Dinge, Pflanzen, Tiere und Landschaften zuständig. Diese Zuständigkeit ist ein Klaneigentum, das sich im Besitz geheimer, heiliger Namen manifestiert, die nur der betreffende Klan weitergeben darf und die während ritueller Handlungen rezitiert werden (Wassmann 1982, 1987: 516). Zum totemistischen Besitz jedes Klans gehören auch die heiligen Gegenstände wie Rednerpulte, Masken oder Figuren. Ihre indigene Bedeutung erschließt sich aus ihrer Zugehörigkeit zu ganz bestimmten Männerhäusern, aus den ihnen verliehenen individuellen Namen und den Klanahnen, die ihnen innewohnen. So gibt eine Ausstellung, in der Sakralobjekte verschiedener Klane nebeneinander präsentiert werden, nur ein idealtypisches Bild, nicht aber lokalhistorische Zusammenhänge wieder. Ein Dorfbewohner vom Sepik würde sich wohl eher befremdet fühlen ob der Vermischung von

Abstammungslinien und den Besitztümern verschiedener Klane, der Großteil des westlichen Museumspublikum dagegen zieht aus einer solchen Präsentation Basiswissen über eine ihm zunächst fremde Kultur.

Um Ausstellungsbesuchern Lebensumstände und Glaubensvorstellungen der Ethnien am Sepik in Grundzügen näher zu bringen, ist es nicht unbedingt notwendig jedes wissenschaftliche Detail in der Ausstellung aufzuführen. Die Präsentation eines ethnographischen Gegenstandes im Museum bedeutet an sich schon die Herauslösung aus seinem kulturellen Kontext und damit eine Verfremdung seiner ursprünglichen Bestimmung. Die Darstellung anderer Kulturen im Rahmen europäischer Ausstellungspräsentation spiegelt immer nur eine – durch den Blick von außen geprägte – Sichtweise wider. Daraus sollte man aber nicht schließen, dass Vorbereitungen zu einer Ausstellung keiner wissenschaftlichen Aufbereitung der Exponate bedürfen. Das Gegenteil ist der Fall. Nur die genaue Kenntnis aller ethnologischen Details versetzt den Ausstellungsmacher in die Lage, sich kulturellen Innensichten der dargestellten Ethnien anzunähern und kulturelle Zusammenhänge so wiederzugeben, dass aus der unvermeidbaren Verfremdung keine unzulässige Verfälschung entsteht.

Eva Charlotte Raabe · Heike Schäfer-Kolberg

Gestaltung, Inhalt, Kontext – die Präsentation

Die Sammlungen vom Sepik wurden im Verlauf von mehr als vierzig Jahren bisher nur dreimal der Frankfurter Öffentlichkeit präsentiert. Im Jahr 1964 zeigte die Ausstellung „Sepik, Kunst aus Neuguinea" im Städel'schen Kunstinstitut eine Auswahl von herausragenden Stücken, deren Kultur- und Sammelgeschichte im Begleitkatalog erläutert wurde. 1987 fand in der Kunsthalle Schirn die Ausstellung „Neuguinea, Nutzung und Deutung der Umwelt" statt. Hier wurden die Objekte vom Sepik in großer Anzahl vor allem als Dokumentationsmittel zur Darstellung von Lebensweisen neuguineanischer Kulturen genutzt. In Museum selbst waren schließlich 2001 im Rahmen der Ausstellung „Menschen und ihre Gegenstände" neben Exponaten aus anderen Kulturen einige wenige Gegenstände vom Sepik zu sehen. Sie waren verschiedenen Sachthemen zugeordnet, die sich mit den materiellen Gegenständen innewohnenden Symbolgehalten auseinandersetzten. Die aktuelle Präsentation verbindet und erweitert die Zielsetzungen der vorausgegangenen Ausstellungen: Eine ethnologische Darstellung der Bevölkerungsgruppen am Sepik wird mit der Sammlungsgeschichte der Exponate verbunden. Hinzu kommt die Reflexion von wissenschaftlicher Museumsarbeit und musealer Präsentationsweise.

Die Hauptausstellungsfläche des Museums der Weltkulturen ist in einer alten Villa aus der Gründerzeit untergebracht. Ihre Einteilung in Zimmer und Foyers entspricht ihrer ursprünglichen Funktion als Wohngebäude und bietet für zusammenhängende Themen nur begrenzte Ausstellungsflächen. Mit Parkettböden, weißen Wänden und Stuckdecken wirken die dreizehn Räume immer gleich. Die farbliche Gestaltung der Ausstellungsinstallationen jedoch bricht die sonst überall vorherrschende kühle, distanzierte Atmosphäre auf. Um den Wechsel von Themen in der Raumabfolge zu akzentuieren, wurden in thematisch zusammenhängenden Räumen Podeste und Texttafeln farblich genau aufeinander abgestimmt. Die offene Präsentation der Exponate auf Podesten ohne trennende Glasfront schafft Nähe zum betrachteten Gegenstand. Beim Durchschreiten der Räume begeben sich Besucher und Besucherinnen zusammen mit den ausgestellten Objekten auf eine Zeitreise, die Anfang der 1960er Jahre mit dem Zeitpunkt der Sammelexpeditionen am Sepik beginnt, Einblicke in die Arbeit im Magazin eines Museums gewährt und mit einer Kunstausstellung im Jahr 2007 endet. Dabei spielen Gestaltung und Design für die Ausstellungsdidaktik eine besondere Rolle, da sie die Veränderungen in Zeit und Ort visualisieren.

Ein Fluss durch die Ausstellung

Ein grundlegendes Gestaltungsmerkmal ist der „begehbare", als Wegeleitsystem in den Fußbodenbelag eingearbeitete „Fluss". Sein Lauf leitet Besucher und Besucherinnen durch die Ausstellungsräume und zeichnet den Weg der Sammlung vom Sepik an den Main nach. Die formale Umsetzung nimmt Bezug auf die beiden genannten Flüsse. Im Erdgeschoss steht der geschwungene, sich windende Verlauf des Flussdesigns für den Sepik als natürlichen, ungebändigten Strom. Im Obergeschoss zeigt das Design den begradigten Main und symbolisiert gleichzeitig die eher nüchterne Arbeitswelt, das Inventarisieren und Ordnen im Museumsmagazin. Mit dieser Gestaltung wird das Thema der Reise visualisiert und für das Ausstellungspublikum erlebbar umgesetzt. Der Wechsel zwischen der inszenierten Lebenswelt am Sepik in den unteren Ausstellungsräumen und dem nachgestellten Museumsmagazin im Obergeschoss wird so besonders betont.

Gleichzeitig symbolisiert das Flussmotiv auch das Reisen im „Fluss der Zeit". Im unteren Bereich spiegeln die Inszenierungen von Sagowald, Küche, Männerhaus und Sammeltätigkeit die Zeit der 1960er Jahre wider. Die Exponate werden in funktional zusammen gehörenden Gruppen vor entsprechenden Photos präsentiert, um so ihren damaligen kulturellen Kontext anzudeuten. Das Museumsmagazin im oberen Ausstellungsbereich ist als moderner Raum inszeniert, in dem die Gegenstände erforscht werden, bevor sie in einer Kunstgalerie der Gegenwart ausgestellt werden. Am Übergang von Magazin zu Kunstgalerie bricht das Flussdesign ab, denn hier ist die Reise der Dinge zu Ende. Mit den Exponaten sind Besucher und Besucherinnen in der Jetztzeit angekommen.

Die Inszenierung einer Zeitreise

Die damals gesammelten Exponate spiegeln kulturelle Inhalte und Lebensweisen der Sepikbevölkerung vor fast fünfzig Jahren wider. Auch bei den gezeigten Photos handelt es sich um historische Quellen. Ein Teil der Aufnahmen entstand während der Sammel-Expeditionen in den Jahren 1961 und 1963. Diese Schwarzweiß-Photographien gehören heute dem Frobenius Institut, wo sie als Expeditionsdokumentation katalogisiert sind. Andere Bilder in Farbe stammen aus dem Photobestand des Kameramanns Hermann Schlenker. Dieser arbeitete vielfach für das Institut für den Wissenschaftlichen Film in Göttingen und filmte zu Beginn der 1970er Jahre am Sepik. Er stellte mehrere ausführliche Filmdokumentationen zu den dort stattfindenden Initiationsfeiern her. Die während seines Aufenthaltes entstandene photographische Dokumentation konnte das Museum der Weltkulturen für sein eigenes Bildarchiv erwerben. Auch Meinhard Schuster, Markus Schindlbeck und Florence Weiss stellten Photos von ihren Feldforschungen zu Anfang der 1970er Jahre zur Verfügung. Der historische Charakter der Photos wird durch eine digitale Bearbeitung betont, die Schwarzweiß-Photographie und Farbaufnahmen in ihren Farbtönen aufeinander abstimmt.

Mit Hilfe von großen Wandphotos und Großdias wird die Lebenssituation am Sepik nachgestellt. Einblicke in weibliche und männliche Bereiche, sowie in Weltsichten und in die Institution des Männerhauses werden vermittelt. Es geht um die Nutzung der Gegenstände im Kontext der Sepik-Kulturen. Um den damit verbundenen Informationsbedarf beim Publikum ausreichend

6.11
Blick in die Landschaft
am Sepik bei Ablom

zu befriedigen, ohne eine abschreckende Menge an geschriebenem Text zu produzieren, wurde das Textangebot inhaltlich gestaffelt: Wandtexte bringen unmittelbare Erklärungen zu den Raumthemen, ein kleines Begleitheft enthält weiterführende Informationen.

Damit in den Wandtexten die Unterschiede zwischen dem europäischen Blick von außen und einer kulturinternen indigenen Perspektive deutlich werden, differenzieren zwei Tafelformate zwei verschiedene Ebenen der Informationsvermittlung: Die großformatige Tafel dient zur rein sachlichen Erläuterung der Inhalte, während eine schmale, farblich hervorgehobene Texttafel Aussagen der Einheimischen am Sepik enthält. Alle Textinhalte beruhen auf Ergebnissen von Feldforschungen aus den 1960er und 1970er Jahren. Das dargestellte Zeitfenster wird in jedem der unteren Räume immer wieder durch einen Sachtext in Erinnerung gerufen, der, auf das jeweilige Raumthema bezogen, die Situation am Sepik Anfang der 1960er Jahre schildert.

Von der ethnographischen Inszenierung zur Kunstpräsentation

In der Präsentation spiegeln sich zwei museologische Konzepte wider, die einander gegenüber stehen und auf internationaler Ebene heute unter dem Motto „Kunst oder Kontext" diskutiert werden. Ein Anliegen der Ausstellung ist, den Wandel im Umgang mit völkerkundlichen Objekten exemplarisch zu verdeutlichen. Die Ausstellung zeigt auf, wie – gleichsam im Fluss der Zeit – Gebrauchs- und Ritualgegenstände vom Sepik an den Main gelangen, hier als wissenschaftliche Belegstücke genutzt und in der heutigen Zeit zu Werken der Kunst nach europäischem Verständnis erklärt werden.

Zwischen 1960 und 1980 wurden in den Völkerkundemuseen bestimmte Kultgegenstände wie z.B. Skulpturen oder Masken zwar wie einzelne Kunstobjekte ausgestellt, viele Museen arbeiteten aber mit Vorliebe noch mit den alten Dioramen oder maßstabgetreuen Nachbauten. In den 1970er Jahren wuchs der Anspruch an die didaktische Aufbereitung aktueller ethnologischer Informationen zu den Objekten. Man begann das Photo als Informationsträger in großem Maße einzusetzen. Aus der Mischung beider Konzepte entstand die Inszenierung von Objekt und Hintergrundinformation. Um diese Präsentationsform nachzuvollziehen, werden die Exponate in den Anfangsräumen der Ausstellung in Anlehnung an ihren kulturellen Kontext inszeniert. Die Gestaltung beruht grundsätzlich auf Großphotos und Dioramen und läuft damit dem heutigen Trend, Ethnographica als Kunst auszustellen, entgegen. Die Vermittlung von Inhalten entspricht hier den früheren Gepflogenheiten völkerkundlicher Museen.

Seit den 1980er Jahren lebt die Diskussion um die Aufbereitung kultureller Hintergrundinformationen zu den Objekten in ethnologischen Ausstellungen immer wieder auf. Vielfach wird die Meinung vertreten, dass um das Exponat angeordnete Texte, Beschriftungen und Erläuterungen von seiner künstlerischen Qualität ablenken. Daher werden heute Ethnographica sehr oft als Kunstwerke präsentiert, deren Ästhetik sich der Betrachter selbst erschließen muss. Dieses Konzept aufgreifend sind die letzten Räume des Rundganges im reduzierten Präsentationsstil einer Kunstgalerie gestaltet. Die Exponate werden zurückhaltend ohne erklärende Texte oder Photos präsentiert. Für den Besucher schließt sich der Kreis: Verlässt er die Galerie des 21. Jahrhunderts im letzten Ausstellungsraum, kann er im ersten Ausstellungsraum das Leben der Dinge vor dem Antritt ihrer Reise nach Europa und ihre Inszenierung in einer Ausstellung der 1960 bis 1980er Jahre wieder neu erleben.

Vor der Ausstellungsvilla

Der imposant beschnitzte Pfosten vor dem Museum der Weltkulturen galt lange Zeit als Wahrzeichen des Museums, gab er doch als „Stamm" der früheren Hauszeitung seinen Namen. Oft irrtümlich als „Totempfahl" bezeichnet ist nur wenigen Passanten seine Herkunft und Bedeutung bekannt.

Es handelt sich um den Abguss eines der Männerhauspfosten, die 1961 am Sepik in Neuguinea als Teile einer mehr als 5000 Objekte umfassenden Sammlung eigens für das Museum erworben wurden. Da das für eine Aufstellung in den Räumen der Museumsvilla viel zu hohe Original nach langen Jahren im Freien zu sehr von Witterung und Autoabgasen beschädigt wurde, muss es nun im Magazin verwahrt werden.

Die Replik vor der Museumsvilla am Schaumainkai ist zugleich auch ein Blickfang für die Ausstellung „Reisen und Entdecken. Vom Sepik an den Main". Der Originalpfosten stammt zusammen mit zwei weiteren Pfählen der Frankfurter Sammlung aus dem Männerhaus Munsimbit des Dorfes Kanganamun. Er trägt den persönlichen Namen Meriamei; denn wie alle tragenden Pfosten eines Männerhauses verkörpert er einen Klanahnen, dessen Gesicht im oberen Teil dargestellt ist. Im unteren Teil sieht man das mythische Schöpferkrokodil auf den Wellen des Urmeeres, darunter einen Kranz von Seerosen.

Erdgeschoss

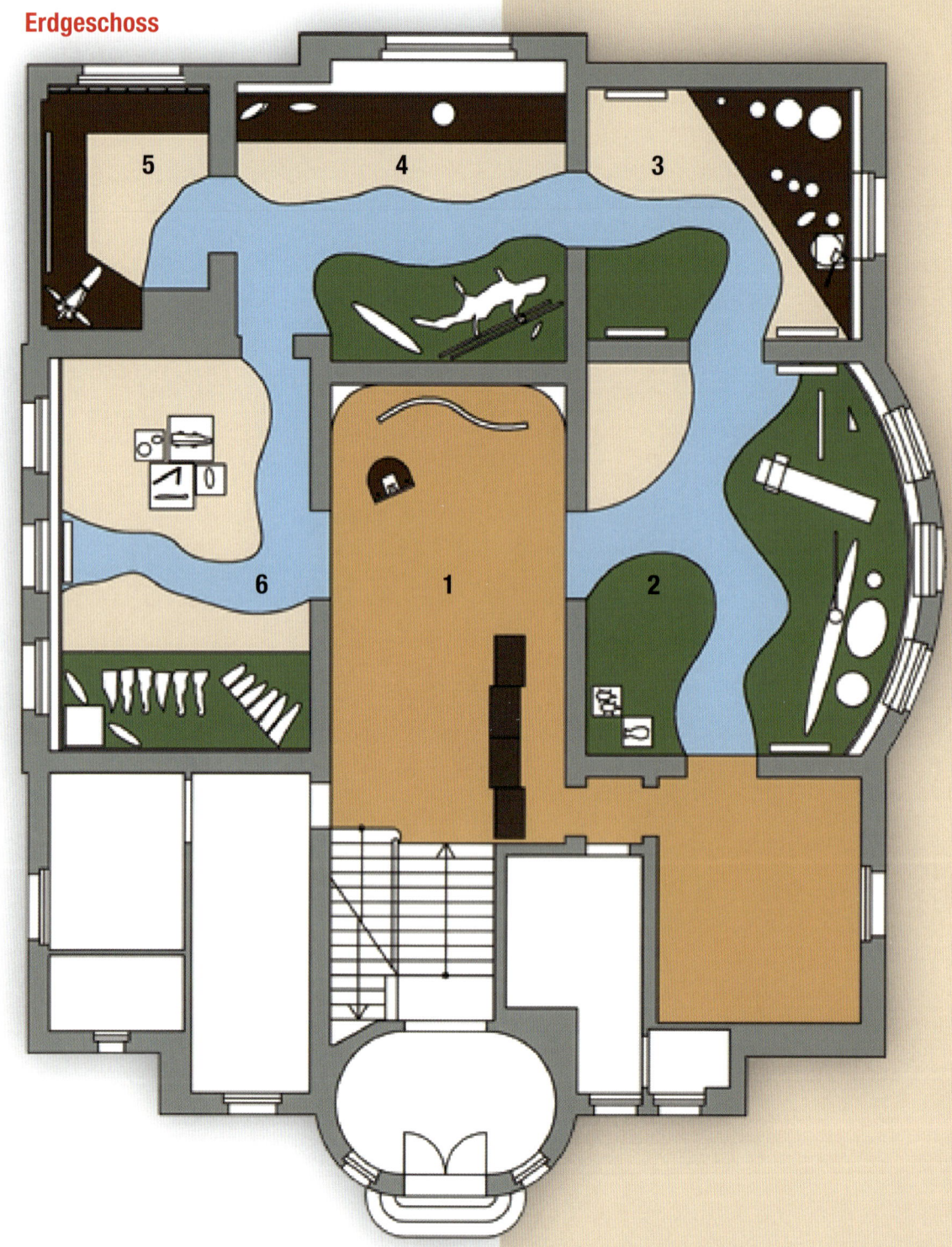

1 | Foyer – Einführung
2 | Welt der Frauen – Fluss und Sagowald
3 | Welt der Frauen – In der Küche
4 | Welt der Männer – Im Männerhaus
5 | Welt der Männer – Kult und Ornament
6 | Frankfurt – Sepik – Frankfurt

Obergeschoss

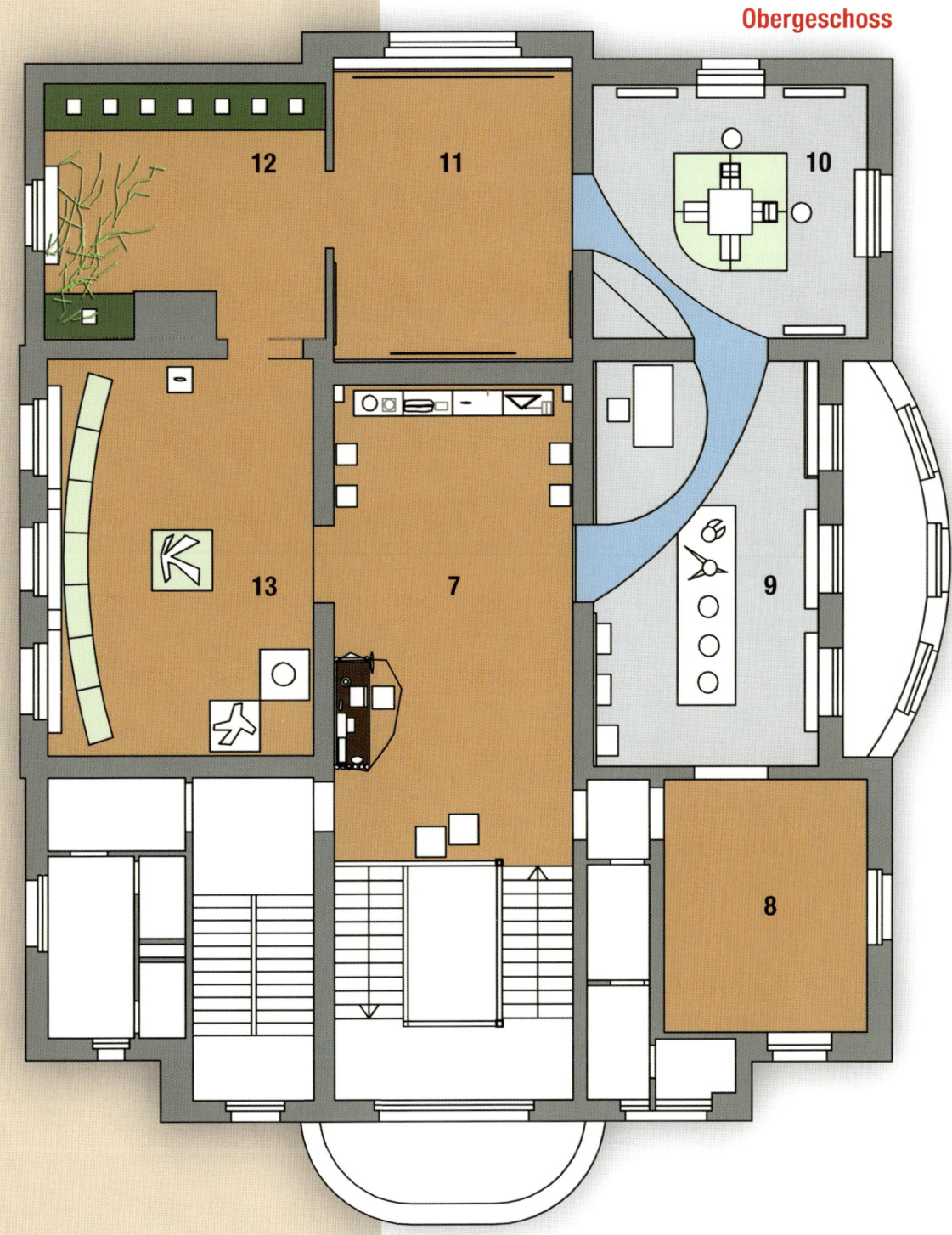

7 | Reisen und Entdecken – Forschung hautnah
8 | Medien
9 | Zwischen den Zeiten – Im Magazin
10 | Zwischen den Zeiten – Objektbefragung
11 | 2007 in der Kunstgalerie
12 | 2007 in der Kunstgalerie
13 | 2007 in der Kunstgalerie

Reisen und Entdecken.
Vom Sepik an den Main

Der Einführungsbereich einer Ausstellung dient zunächst der Vermittlung von Grundlagenwissen. Wie allgemein üblich enthalten Texte und Landkarten geographische und ethnographische Informationen zu Neuguinea und dem Sepikgebiet.

Darüber hinaus dient eine Einführung aber auch der atmosphärischen Einstimmung. Der Ausstellungsrundgang ist als eine Reise durch die Zeit konzipiert, die am Sepik zu Anfang der 1960er Jahre beginnt. Gezeigt werden Gegenstände, die in den Jahren 1961 und 1963 von Frankfurter Ethnologen auf zwei Expeditionen im Stromgebiet des Sepik und seiner Nebenflüsse gesammelt wurde. Das große Einführungsfoto in Schwarzweiß gibt Reisesituation und -zeit wieder. Es wurde während der zweiten Forschungsreise im Jahr 1963 aufgenommen und zeigt zwei mit dem Expeditionsgepäck der Ethnologen beladene Boote.

Im Mittelpunkt der Ausstellung stehen die gesammelten Gegenstände. Sie treten 1961 eine Reise aus ihrer kulturellen Heimat, den Dörfern am Sepik, in das Museumsmagazin am Main an und finden sich schließlich in der Kunstgalerie der Gegenwart wieder. In jedem dieser drei Ausstellungsteile sind unterschiedliche Exemplare der sakralen Rednerpulte ausgestellt. Diese Objektkategorie markiert so jede Reisestation und wird

dabei zu einem Leitmotiv der Ausstellung. Die übergroße Nachbildung eines sakralen Rednerpultes steht am Anfang dieses Weges. Am Ende der Reise bzw. des Rundgangs wird der Besucher dem entsprechenden Original in der Kunstgalerie begegnen.

Welt der Frauen – Fluss und Sagowald

Die Reise an den Sepik der 1960er Jahre beginnt mit der Darstellung des dörflichen Lebens, das stark von den unterschiedlichen Aufgabenbereichen von Männern und Frauen und der damit verbundenen Trennung der Geschlechter im Alltag geprägt wird. Die Welt der Frauen ist bestimmt durch die Gewinnung des Hauptnahrungsmittels Sago, eines Stärkemehls aus dem Mark der Sagopalme. Wichtigste Nahrungsergänzung ist Fisch. In Dörfern im Sagowald sind die Frauen auf die Gewinnung von Sagomehl spezialisiert, in den Dörfern am Fluss konzentrieren sie sich auf den Fischfang. Jedes Walddorf ist einem Flussdorf durch feste Tauschbeziehungen verbunden.

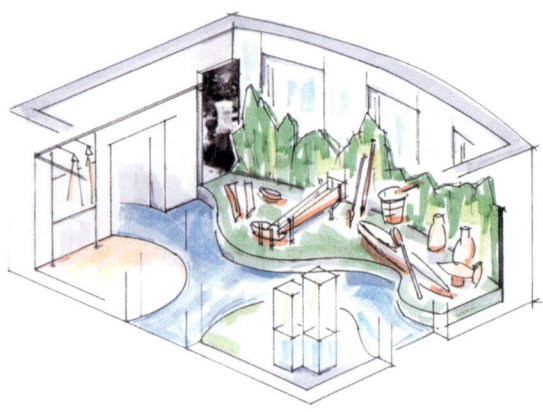

Geräte und Werkzeuge spiegeln den Arbeitsalltag der Frauen wider: Vor der Szenerie des Sumpfwaldes sind eine Sagowaschanlage mit Zubehör sowie ein Frauenboot, Paddel, Netze, Reusen, Körbe und Speere für den Fischfang zu sehen. Fotos zeigen die Technik der Stärkegewinnung und das Fischen mit dem Handrahmennetz. Allerdings reicht die Präsentation von Exponaten und Fotos allein nicht aus, um die zentrale symbolische Bedeutung des Nahrungsmittels Sago und die Wertschätzung des weiblichen Aufgabenbereichs zu verdeutlichen. Daher kommen auf farblich hervorgehobenen Texttafeln Männer und Frauen vom Sepik zu Wort. In Mythen, die von Ethnologen und Ethnologinnen aufgezeichnet und publiziert wurden, zeigt sich, dass den Frauen und ihren alltäglichen Arbeiten eine bedeutende Rolle in den kosmologischen Vorstellungen der Sepikbevölkerung zukommt.

Das Lösen des Marks aus der Palme ist eine intime Arbeit, bei der Frauen unter sich bleiben. Sie sitzen auf dem aufgebrochenen Stamm der Palme und schlagen die weißlichen Markfasern mit dem Sagoklopfer zwischen ihren gespreizten Beinen – eine Arbeit, die auch als geschlechtlicher Verkehr mit dem Sagobringer, dem Ahn Moem, angesehen wird. Ohne den Kontakt der Frauen mit Moem gäbe es keine Speise für die Familie. Auch auf dem Markt ist der Sagoahn Moem gegenwärtig und die Tauschplätze im Wald sind allein den Frauen vorbehalten. Sie sind Gegenpole zu den nur den erwachsenen Männern zugänglichen Männerhäusern.

Über den Rand der Inszenierung des Sumpfwaldes können Besucher und Besucherinnen einen Blick aus dem Fenster des Museums auf die Skyline von Frankfurt werfen. Dieser Blick ist intendiert. Er stellt einen inhaltlichen Bezug zum Titel der Ausstellung „Vom Sepik an den Main" her.

Welt der Frauen – In der Küche

Von der Nahrungsgewinnung führt die Präsentation „Ton, Töpfe und tägliche Mahlzeiten" in den häuslichen Bereich zu Themen der Nahrungsverarbeitung. Der Raum zeigt den Ausschnitt einer Küche. Vor einer rußgeschwärzten Wand sind eine Herdschale für Feuer, Backschalen für Sagofladen und Töpfe so aufgereiht, wie es auch Photos von den Wohnhäusern am Sepik zeigen. Wie nach dem Gebrauch gerade abgelegt, wurden andere Utensilien z. B. Rührstäbe, Netztaschen, Schöpfkellen und Feuerfächer in der Installation gut sichtbar arrangiert. Photos zeigen den täglichen Gebrauch der Gegenstände und ihre Herstellung.

Die Trennung von männlichen und weiblichen Lebensbereichen zeigt sich auch in der Aufteilung der Häuser in unterschiedliche Wohnbereiche für Ehemann und Ehefrau. Zum Bereich der Frau gehören Feuerstelle und Kücheneinrichtung. Die gewonnene Sagostärke wird feucht oder getrocknet in großen Vorratstöpfen aus Ton über längere Zeit in der Küche aufbewahrt. Sie wird als Brei oder in Form von Klößen gekocht oder als Fladen gebacken. Dazu gebrauchen die Frauen Kochtöpfe und flache Backschalen aus Ton. Das Feuer der Kochstelle brennt in einer Herdschale aus Ton, um den Holzboden des Hauses nicht zu beschädigen.

Die Familie isst tagsüber nicht gemeinsam. Für jedes Familienmitglied hängt im Haus eine Tasche für Sagofladen, die von der Hausfrau täglich gefüllt wird. Die Taschen werden zur Arbeit im Garten oder Sagowald, zum Jagen oder Spielen mit genommen. Sie sind Symbol weiblicher Familienfürsorge und der Beziehung zwischen Mann und Frau. Hat eine Frau Streit mit ihrem Mann, gibt sie ihm keine Sagofladen – seine Tasche bleibt leer. Am Beispiel der geflochtenen Taschen für Sagofladen wird vermittelt, dass Frauen innerhalb ihrer Familie eine starke Position einnehmen.

Da eine Beschränkung weiblichen Lebens auf Haushalt und Familie in unserer Gesellschaft häufig als Zurücksetzung der Frau empfunden wird, betonen die Wandtexte das Nahrungsmonopol der Frauen: Da ausschließlich die Frauen für die Nahrungsgewinnung, das Betreiben von Lebensmittelmärkten und die Zubereitung der täglichen Mahlzeiten zuständig sind, tragen sie die Hauptverantwortung für die Versorgung der Familie und verschaffen sich damit sozialen Einfluss und gesellschaftliche Bedeutung.

Welt der Männer – Im Männerhaus

In jedem Dorf gibt es mehrere, die übrigen Wohnhäuser überragende Männerhäuser, die jeweils den Klanen einer zeremoniellen Dorfhälfte gehören. Die hochgiebeligen, von kunstvoll geschnitzten Pfosten getragenen Häuser sind der Schauplatz politischer Diskussionen und religiöser Zeremonien sowie der Aufbewahrungsort von Kultgegenständen. Im abgedunkelten Ausstellungsraum zeigt ein grosses Wandphoto die hohen seitlich angebrachten Sitzplattformen eines Männerhauses in der Aufsicht vom Innern des Erdgeschosses aus. Vor diesem Bild sind Ahnenfiguren und ein Rednerpult frei ohne trennende Glasfront aufgestellt. So soll die Vorstellung angeregt werden, man betrete das Innere eines Männerhauses.

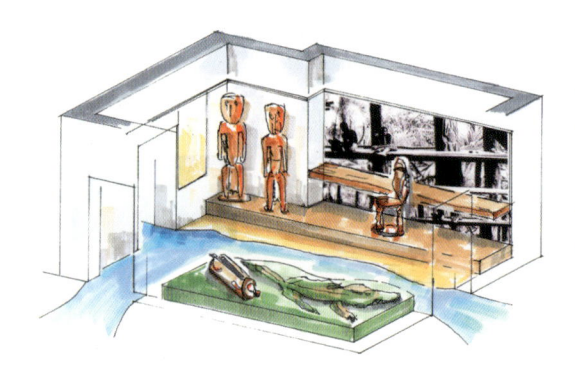

Nach der Darstellung des umfangreichen Arbeitsalltags der Frauen, stellen Museumsbesucher oft die Frage, welche Aufgaben den Männern überhaupt bleiben. Kaum einer bedenkt, dass in einer schriftlosen Gesellschaft, das Bewahren und Erinnern von Ursprungsmythen, Klangeschichte, Abstammungslinien, Verwandtschaftsverhältnissen und Landrechten eine besondere Gedächtnisleistung darstellt. Für diese Arbeit, die von den Männern in Form von Rezitationen und Argumentationen im Männerhaus geleistet wird, steht als Exponat das Rednerpult. Redner legen während Diskussionen für jedes Argument ein Palmfiederblatt auf das Pult nieder. Die Figur vor der Pultfläche verkörpert den Klanahnen, der die Männer eines Klans in ihren politischen Auseinandersetzungen unterstützt.

Anhand weniger Exponate, denen jeweils die Texte von Ursprungsmythen zugeordnet sind, wird an die religiösen Vorstellungen der Sepikbevölkerung herangeführt. Die Komplexität eines Systems von zusammenhängenden und aufeinander aufbauenden mythischen Erzählungen und die damit verbundene Vielfalt von unterschiedlichen Ritualen kann so nur angedeutet werden.

Die im Männerhaus aufgestellten Figuren und die an den Wänden oder von der Decke hängenden Aufhängehaken verkörpern Klanahnen. Sie sind mit dem Initiationsmuster dargestellt, das den jungen Männern in Brust und Rücken geschnitten wird, um sie dem urzeitlichen Schöpferkrokodil gleichzumachen. Die heiligen Musikinstrumente werden vor den Blicken Uneingeweihter verborgen aufbewahrt. Eine Mythe vom Ursprung der heiligen Flöten ist am Sepik weit verbreitet: Sie wurden von einem Schwesterpaar erfunden und dann von den Männern geraubt.

Ein Paar heilige Flöten und das Rednerpult stellen zentrale Exponate der Präsentation dar. Sie werden hier in ihrem mythologischen Kontext erklärt, um dann dem Museumsbesucher im Verlauf des Ausstellungsrundgangs unter wissenschaftlichen Fragestellungen wieder zu begegnen.

37

Welt der Männer – Kult und Ornament

Bei der Darstellung von Religion und der Beschreibung kultischer Gegenstände stößt man ganz unvermeidlich auf die Themen von Krieg, Kopfjagd und Menschentötung. Alle Rituale waren früher mit der Kopfjagd verbunden, die allerdings aufgrund von Strafexpeditionen und Hinrichtungen durch die australische Verwaltungsmacht bereits in den 1930er Jahren ganz aufgegeben wurde.

Sehr bald nach Eröffnung der Ausstellung fand sich im ausgelegten Kritikbuch folgende Notiz: „Wir vermissen die bemalten Schädel vom Sepik. Haben Sie keine davon in der Sammlung?" Erfahrungsgemäß löst das Thema der Kopfjagd und die Präsentation menschlicher Überreste bei einem Großteil des Museumspublikums Ekel und ein Zurückschrecken vor als grausam empfundenen Handlungen aus. Das Bestreben, sich mit einer fremden Kultur auseinanderzusetzen, erstirbt angesichts solcher Themen sehr schnell. Obwohl die Sammlung des Museums mehrere Ahnenschädel enthält, haben wir uns daher bewusst gegen ihre Präsentation entschieden. Stattdessen zeigt ein Foto einen Mann, der mit großer Sorgfalt einen übermodellierten Schädel bemalt. Sowohl die Schädel getöteter Feinde als auch die der eigenen Verstorbenen wurden mit Ton übermodelliert und bemalt. Besonders den Schädeln eigener bedeutender Angehöriger wurden die individuellen Gesichtszüge des jeweils Verstorbenen sorgfältig aufmodelliert und dann mit den Zeichen des eigenen Klans bemalt. Bei den Schädeln in ethnographischen Sammlungen handelt es sich vielfach um die Köpfe eigener Verstorbener und nicht um Kopfjagdtrophäen. Wichtige Aspekte dieses Schädelkults waren nämlich Trauerarbeit und Totengedenken.

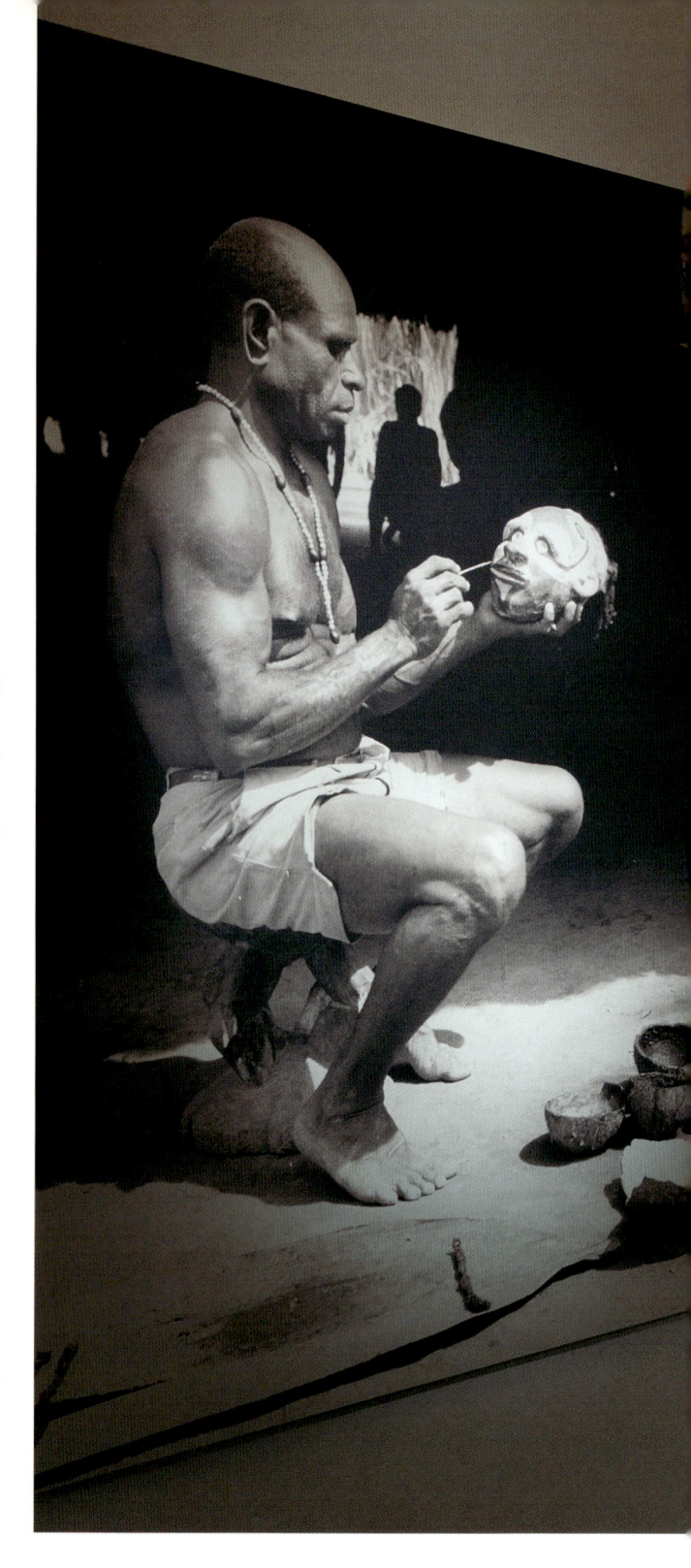

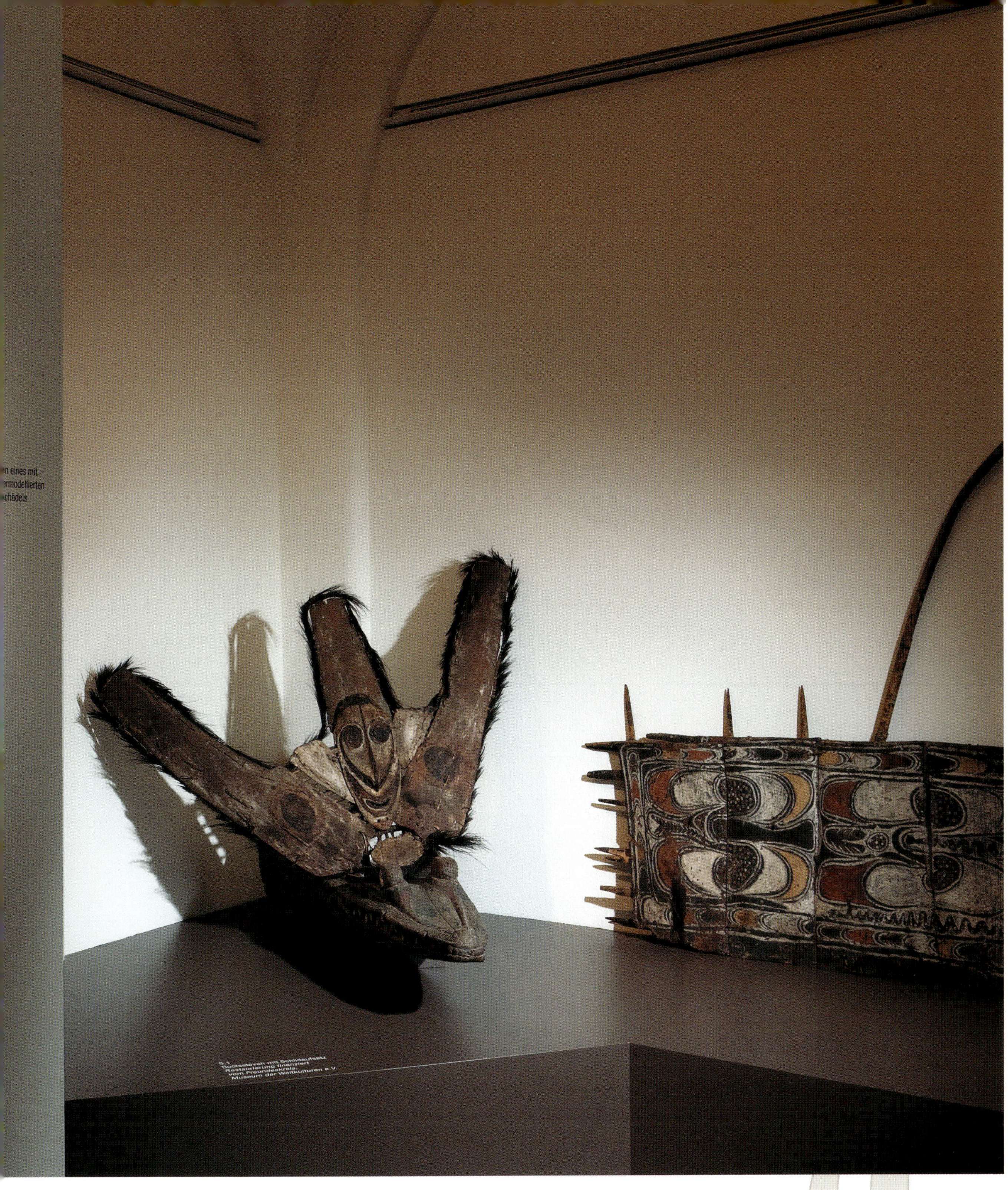

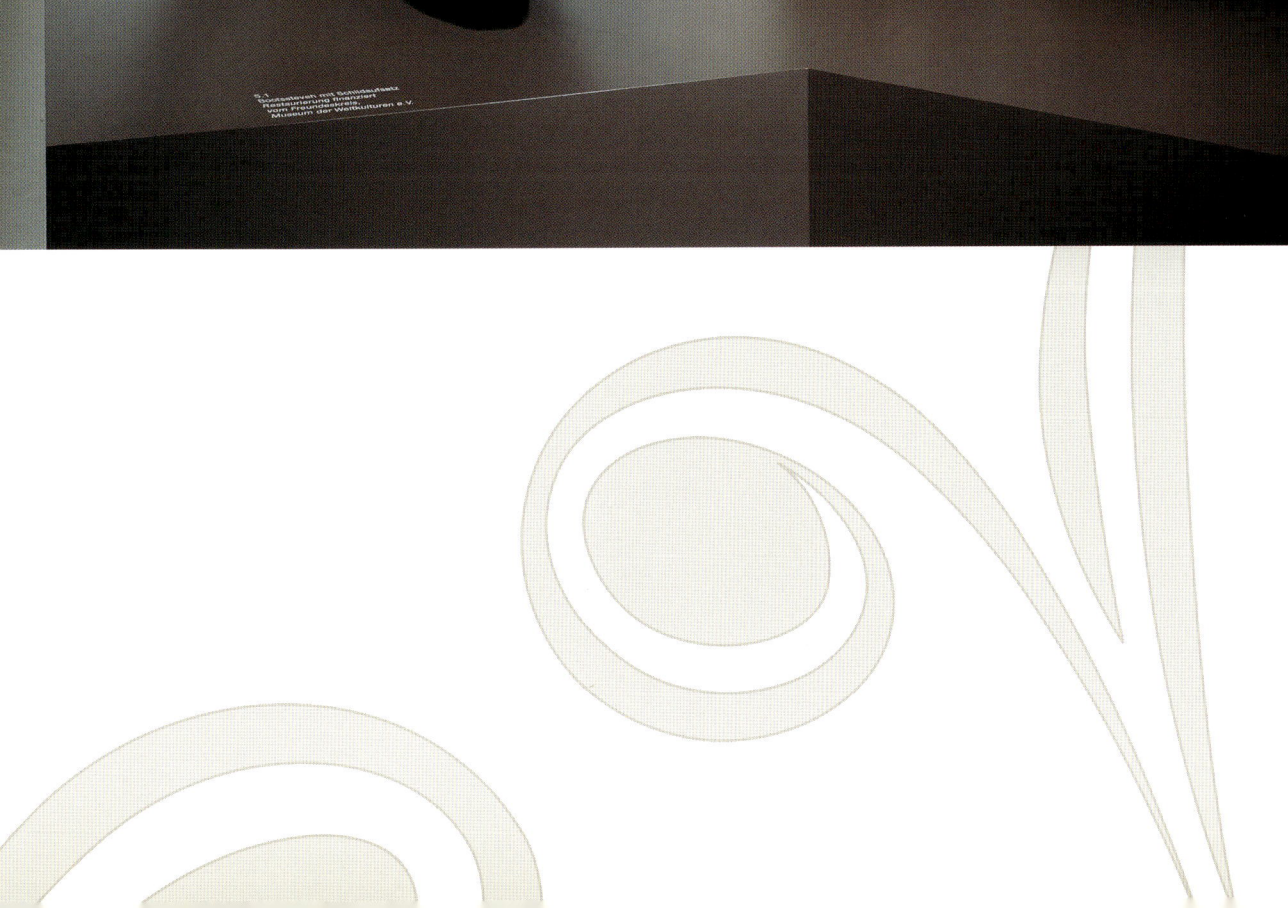

Bootssteven
mit Schildaufsatz

Holz, Bambus, Palmblattscheide,

Kasuarfedern, Ölfarben

Iatmul, Dorf Sangriman, Mittlerer Sepik

Sammlung Eike Haberland 1961

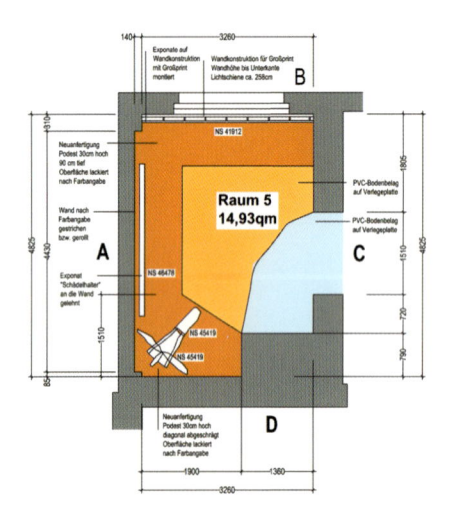

Lange, schmale Boote sind im Stromgebiet des Sepiks, der in der Regenzeit über die Ufer tritt und das Land kilometerweit unter Wasser setzt, das wichtigste Fortbewegungsmittel. Der Steven am Bug der kunstvoll beschnitzten Einbäume ist oft in Form eines Krokodilkopfs gestaltet. Kriegsboote waren das Eigentum eines ganzen Klans und galten als Verkörperung des Weltenschöpfers. Das Krokodil als Urzeitheros formte einst aus Schlamm nicht nur das Land, sondern belebte die tote Materie auch kraft seiner Gedanken: Pflanzen, Tiere und Menschen gingen daraus hervor. In einer anderen Version der Mythe zeugt das Krokodil mit einer urzeitlichen Ahnfrau die ersten Menschen, die dann die Klangemeinschaften am Sepik gründen.

Am Steven der Kriegsboote sind Schildaufsätze aus Palmblattscheiden angebracht. In der Mitte befestigte Holzmasken zeigen jeweils das stilisierte Gesicht eines wakin, eines Geistwesens, das im kosmischen System der Sepik-Bewohner unterschiedliche Erscheinungsformen und Funktionen haben kann. Auch der Urahn, auf den sich die Mitglieder eines Klans zurückführen, zählt zur Kategorie der wakin. Auf Kriegszügen, so glaubte man, war dieser gegenwärtig und hatte eine schützende Funktion für die Bootsinsassen, für die Männer des eigenen Klans. Den herannahenden Feind jedoch, gegen den man das Antlitz der Maske ausrichtete, sollte er abschrecken.

41

Frankfurt – Sepik
Sepik – Frankfurt

Mit dem Thema des Sammelns findet ein Szenenwechsel statt. Nicht mehr die Kulturen am Sepik stehen im Mittelpunkt der Präsentation, sondern die Situation der europäischen Forscher und Sammler im Feld.

Die Sammler der 1960er Jahre flogen mit kleinen Verkehrsmaschinen bis zum Sepikdorf Angoram. Von dort fuhren sie in einem Einbaum mit Außenbordmotor den Sepik und seine Nebenflüsse hinauf. Oft musste das Boot über Geröll- und Sandbänke gezogen werden. Für das Expeditionsgepäck wurden einheimische Träger angeheuert. Alle Dörfer mussten damals für den patrol officer der australischen Verwaltung ein Haus (haus kiap) errichten. Dort wurden auch andere Besucher einquartiert. Die Sammler empfingen hier Einheimische, die ihnen Objekte zum Verkauf anboten, trugen die Sammlungsgegenstände zusammen und verpackten sie. So begann der Weg der Dinge nach Europa.

Die zentrale Präsentation inszeniert die Gegenstände vom Sepik nicht mehr in ihrem eigentlichen kulturellen Kontext, sondern zeigt sie schon im Besitz der Sammler, ausgelegt für den Transport nach Europa.

Ziel der Sammelreisen war, den bestehenden Museumsbestand in Frankfurt an historischen Sepik-Objekten durch eine zeitaktuelle Sammlung zu ergänzen. Es geht hier um die typischen Arbeiten eines Museumswissenschaftlers, um Fragen des Sammelns, Forschens und Dokumentierens.

Sepik Frankfurt

Wie bereitet man sich auf eine Sammelreise vor?

Welche Forschungen hat es bereits vor 1960 in der Region gegeben?

Wie soll die bereits vorhandene Museumssammlung ergänzt werden?

Zu welchen Themen- und Objektgruppen soll gesammelt werden?

Wie sieht die Situation vor Ort aus?

Wie kann man Unterstützung in der lokalen Bevölkerung finden?

Die Transformation eines Objektes vom Ritual- oder Alltagsgegenstand einer anderen Kultur zum musealen Objekt bzw. zum Exponat in einer Ausstellung ist stets ein langwieriger Prozess. Anliegen ist es, diesen Weg Besuchern transparent zu machen.

Die Reise der Dinge

Historische Photographien, die auf der Sammelreise von 1961 entstanden, zeigen den Weg der Dinge vom Sepik an den Main. Dorfbewohner tragen einen großen Männerhauspfosten auf den Schultern. Die Sammlung liegt in Kisten verpackt am Flussufer. Ein Dampfer transportiert sie zur Küste. Gerade ausgepackt sind sie dann in Frankfurt im alten Magazin des Städtischen Museums für Völkerkunde zu sehen.

In seiner Festrede zur Ausstellungseröffnung schildert der Sammler Meinhard Schuster die Expeditionsvorbereitungen, die Sammeltätigkeit und den Transport der Objekte nach Frankfurt aus erster Hand. Seine hier abgedruckte Rede ist ein anschaulich erzähltes Zeitzeugnis, welches das Neuguinea von 1961 und die Reise der Gegenstände wieder lebendig werden lässt.

THIS SIDE UP

Meinhard Schuster

Vom Main an den Sepik.

Festrede zur Ausstellungseröffnung am 26.10.2007

Meine sehr verehrten Damen und Herren,

für die freundliche Einladung, bei der Eröffnung dieser Ausstellung als einer der Sammler ein paar Worte zu sagen, danke ich dem Museum der Weltkulturen herzlich. Ich komme diesem Wunsch gerne nach – auch in Erinnerung an meinen verstorbenen Reisegefährten und Kollegen Eike Haberland, den späteren Professor für Ethnologie an der Frankfurter Universität und Leiter des Frobenius-Instituts, und an unseren akademischen Lehrer Adolf Ellegard Jensen, der damals Universitätsprofessor, Leiter des Frobenius-Instituts und Direktor des Städtischen Museums für Völkerkunde in Personalunion war und diese Reise angeregt hatte. Bei meinem kurzen Rückblick auf dieses Unternehmen aus meiner Erinnerung will ich mich auch an dem schönen Untertitel der jetzt beginnenden Ausstellung orientieren, ihn aber umkehren und mich dem Weg „vom Main an den Sepik" vor 46 Jahren zuwenden, also in knapper Form die Umstände nach zu zeichnen versuchen, unter denen in der Frankfurter Ethnologie die Idee einer Sammelreise an den Sepik entstand, und auch einen Blick auf ihren Verlauf am Sepik selbst werfen.

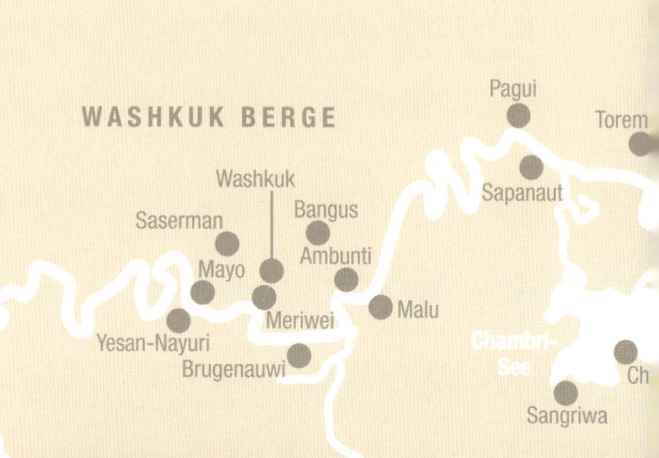

Der erste Anstoß zu dieser Unternehmung kam von außen. Wir hatten 1959 von den bedeutenden Ergebnissen einer zweiten Sammelreise erfahren, die Alfred Bühler, der damalige Direktor des Basler Museums für Völkerkunde und Professor für Ethnologie an der Universität Basel, in jenem Jahr an den Sepik durchgeführt hatte; ihr war 1955/56 eine ähnlich erfolgreiche erste vorausgegangen. Beide zusammen ließen erkennen, dass in den großen Sepikdörfern mit ihrer zahlreichen Bevölkerung und ihrem vielfältigen Besitz an materiellen Kulturgütern der Wille, sich von einigem davon zu trennen und es im Verkauf abzugeben, deutlich gewachsen war. Damit bestand die Gefahr, dass immer mehr dieser gegenständlichen Dokumente der traditionellen einheimischen Kultur, zumal besondere Einzelstücke, im freien internationalen Ethnographica- und Kunsthandel, für den weiße, am Sepik ansässige Händler neben ihren anderen Geschäften als Kontaktpersonen zu den Dörfern fungierten, auf nicht mehr kontrollierbaren Wegen bei einzelnen privaten Sammlern irgendwo in der Welt zu verschwinden drohten und später dann überhaupt verloren gingen, wenn die Erstkäufer die Stücke weiter veräußerten oder die Erben das Interesse an ihnen verloren. Aus dieser Situation erwuchs hier wie überall die Aufgabe für die öffentlichen Museen, solchen Entwicklungen entgegenzuwirken – was zumal im ethnographischen Bereich darauf hinauslief, mobile Kulturgüter möglichst selbst vor Ort zu erwerben, dauerhaft zu bewahren und ihre Zugänglichkeit für Wissenschaft und Öffentlichkeit zu gewährleisten. So gewann die Idee einer eigenen mehrmonatigen Frankfurter Sammelreise an den Sepik allmählich Gestalt – zugleich im Sinne eines Ausbaus der in Frankfurt schon vorhandenen "kleinen Sammlung mit sehr schönen Stücken aus diesem Gebiet", wie Jensen später in seinem Vorwort zum Katalog der ersten Sepik-Ausstellung 1964 hier im benachbarten Städel schrieb.

Mit der weiteren Vorbereitung und der Durchführung dieser Reise wurden im Rahmen der damals selbstverständlichen Zusammenarbeit von Museum und Institut Eike Haberland und ich betraut. Wir waren Assistenten am Institut, standen jedoch von unserem Frankfurter Studium her dem Museum nahe, hatten uns auf Expeditionen (Haberland in Südäthiopien, ich in Südvenezuela) auch mit den Sachgütern in unseren Forschungsgebieten befasst, Sammlungen angelegt und bei Gestaltung und Durchführung von Ausstellungen mitgearbeitet. Mit Neuguinea waren wir aus der Literatur und von Museumssammlungen her nicht unvertraut, kannten jedoch die gegenwärtigen Verhältnisse am Sepik in Bezug auf eine Sammelreise nicht. So fuhren Jensen, Haberland und ich zu Bühler nach Basel und erhielten von ihm auf das freundlichste Auskünfte, Ratschläge und Hilfestellung in vielerlei Hinsicht. Daraus ergab sich, dass am Sepik durchaus die Chance bestand, in den verschiedenen Dörfern eine größere Sammlung zu erwerben, sofern sich diese nicht auf die im euroamerikanischen Kunsthandel gängigen und leicht transportierbaren mittelgroßen Schnitzwerke konzentrieren, sondern auf gegenständliches Kulturgut in seiner ethnographischen Breite ausrichten, also auch die weniger spektakulären Dinge des Alltags aus vergangener und laufender Produktion (wie z. B. Flechtwerke), zerbrechliche Dinge (wie z. B. Tontöpfe) und deutlich größere Stücke (wie z.B. Kanus) einschließen würde. Diese offene Perspektive entsprach ganz unserer eigenen Absicht, in Gestalt der Sammlung ein möglichst umfassendes Bild von der materiellen Kultur dieser Region in ihrer lokalen und individuellen Vielfalt zu vermitteln.

Ein solcher Plan jedoch hing selbstverständlich so lange in der Luft, als noch keine finanziellen Mittel zu seiner Durchführung zur Verfügung standen; da das Museum, in dessen Dienst die Reise stattfinden sollte, ein städtisches war, kam auch als Geldgeber in erster Linie – und eigentlich überhaupt nur – die Stadt Frankfurt in Frage. Vergegenwärtigen wir uns deshalb, was man sich Ende der 50er Jahre im öffentlichen Raum unter dem Städtischen Museum für Völkerkunde in Frankfurt vorzustellen hatte. Sein glanzvolles früheres Haus im Stadtzentrum, das ehemalige Thurn- und Taxis'sche Palais, war im Krieg nicht nur – wie andere öffentliche Gebäude – beschädigt, sondern ganz zerstört worden, doch hatte eine rechtzeitige Auslagerung die Sammlungen weitgehend gerettet. Sie wurden nach Frankfurt zurückgeführt und in dem jetzt noch stehenden Luftschutzbunker am Riederwald untergebracht, wo man die Gegenstände nach ihrer geographischen Herkunft auf die einzelnen kleinen Bunkerkabinen verteilte. An einer Stelle in der dicken Außenwand wurde später aus dem Beton eine Fensteröffnung herausgesprengt, so dass ein kleiner Raum mit Tageslicht entstand, wo Hermann Niggemeyer, Kustos und späterer Direktor des Museums, arbeitete. Das Frobenius-Institut hatte im damals unzerstört gebliebenen, aber heute verschwundenen Privathaus der Kustodin Karin Hissink, Myliusstr. 29, Unterschlupf gefunden; entsprechend fanden dort die Seminarveranstaltungen statt, doch waren auch die gemeinsame Bibliothek von Museum und Seminar, Archivbestände, Foto-Abteilung und handwerkliche Arbeitsräume des Museums hier auf jeweils kleinstem Raum untergebracht. Diese schwierige Situation änderte sich wesentlich anfangs der fünfziger Jahre, als das Institut einschließlich des Seminarbetriebs sowie die Museumsverwaltung in das alte mehrstöckige Mietshaus Liebigstr. 41 umziehen konnten. Platz für Ausstellungen aber bot sich auch dort nicht; anstelle eines Museums im normalen Wortsinn gab es weiterhin nur ein extrem beengtes, nicht öffentliches, aber für die Forschung natürlich zugängliches Sammlungsmagazin in einem alten Bunker am Rande der Stadt.

Dennoch fand in jenen Jahren durch das gastliche Entgegenkommen anderer Frankfurter Institutionen, unter denen besonders das Senckenberg und das Städel dankbar genannt seien, eine ganze Reihe von regional und thematisch unterschiedlichen Ausstellungen des Museums statt, in deren größter 1957 unter dem Titel „Ferne Völker – Frühe Zeiten" im ehemaligen Haus des Kunsthandwerks auf dem Messegelände die Sammlungen gezeigt wurden, die auf den Frankfurter Nachkriegsexpeditionen zwischen 1950 und 1956 erworben worden waren. Diese jeweils langfristigen Feldforschungen waren gleichermaßen und mit ähnlicher thematischer Spannweite von Wissenschaftlerinnen und Wissenschaftlern des Instituts und des Museums durchgeführt worden; vor dem Hintergrund eines umfassenden Kulturbegriffs, der dem religiösen Denken und Handeln, der sozialen und wirtschaftlichen Organisation und den gegenständlichen Werken des Menschen grundsätzlich gleiches Gewicht zumaß, gehörten handwerklich-künstlerische Prozesse stets auch zu den Aufgaben von Erforschung und Dokumentation, und ihre materiellen Erzeugnisse wurden, soweit sie käuflich und transportabel waren, erworben und dem Museum anvertraut.

So war das Städtische Museum für Völkerkunde Frankfurt damals zwar eigentlich ein Museum ohne Museum, doch waren seine Sammlungen vermehrt worden, es hatten an anderen Orten Ausstellungen stattgefunden, und seine Kustoden hatten ethnologisch geforscht; dass die Bestände hinter den dicken Bunkerwänden gepflegt worden waren, soweit es die Technik zuließ, verstand sich von selbst. Jedenfalls war das Bild des Museums in der Frankfurter Stadtverwaltung offenbar trotz des Fehlens eines Gebäudes, das man täglich zu ethnologischer Information und zur Freude an Objekten aus fernen Kulturen aufsuchen konnte, positiv genug, um die Mittel für eine Sammelreise an den Sepik und damit für die Vermehrung der Substanz des Museums zu bewilligen; so hatte Jensen recht behalten, der von Anfang an die Frage der Finanzierung optimistisch beurteilt hatte.

Wir flogen also im Februar 1961 nach Wewak an der Nordküste, um uns beim District Commissioner der australischen Mandatsverwaltung für das Sepik-Gebiet vorzustellen, und von dort weiter mit einem kleinen Busch-Flugzeug nach Angoram, dem Verwaltungsort am Sepik, wo dank Bühlers Vermittlung ein Doppelkanu mit einer einheimischen Besatzung von vier Mann bereitstand, die sich sowohl mit dem Fahrzeug als auch mit dem Fluss recht gut auskannten. Das motorgetriebene Doppelkanu war damals das übliche, zwar recht langsame und unbeholfene, aber sehr praktische Fahrzeug der Weißen am Fluss. Es bestand aus zwei parallel angeordneten, etwa gleich großen Kanus, die durch eine hölzerne Plattform verbunden waren und auf dieser eine kleine Hütte mit Seitenwänden aus leichtem Material bzw. Moskitodraht und mit einem vorne und hinten überkragenden Wellblechdach trugen. Es bot viel Platz für Personen und Zuladung einschließlich der unentbehrlichen Fässer mit Reservebenzin und ermöglichte dadurch wochenlange Fahrten im Flusssystem des Sepik und seiner Seitengewässer ohne Übernachtungsprobleme; da das nächtliche Fahren zu gefährlich war, machte man das Boot abends an der Stelle fest, wo man gerade war.

Mit diesem Gefährt also, später aber auch mit dem offenen Einzelkanu, fuhren wir in die Dörfer am Fluss und im beiderseitigen Hinterland und wurden überrascht durch das schon eingangs erwähnte erstaunliche Interesse an Verkäufen älterer und neuerer einheimischer Produkte gegen australisches Geld. Der umfassende Hauptgrund dafür lag selbstverständlich darin, dass das Sepik-Becken 1961 bereits seit Jahrzehnten Kolonialgebiet war: seit 1884 unter deutscher Herrschaft, seit dem Ersten Weltkrieg unter australischer Verwaltung im Auftrag des Völkerbundes, im Zweiten Weltkrieg von Japanern besetzt, dann von amerikanischen und australischen Truppen befreit, anschließend wieder unter australischer Mandats-Verwaltung nunmehr im Rahmen der Vereinten Nationen. Ausländer unterschiedlicher Herkunft und Sprache, ihre umfangreiche und vielfältige materiell-technische Ausrüstung und deren offenkundiger Nutzen schon im engeren eigenen Umfeld – z. B. von eisernem Werkzeug in einer stark Holz verarbeitenden Kultur, vom Außenbordmotor zum Fahren gegen die Fluss-

Abtransport eines Männerhauspfostens, erworben in Kangamun für das Museum für Völkerkunde der Stadt Frankfurt

Verpacken der Sammlung für das Museum für Völkerkunde der Stadt Frankfurt, Angoram, Unterer Sepik

strömung usw. – waren ebenso bekannt wie der Umstand, dass diese begehrten Dinge nur gegen Geld zu bekommen waren, dieses Geld aber wiederum nur durch Arbeit bei den Weißen, z.B. in den Hafenstädten an der Küste, oder durch Handel mit eigenem Angebot zu verdienen war. Diese Bedarfsdeckung im Einzelfall, die zunächst nur eine Erweiterung der eigenen materiellen Möglichkeiten zu sein schien, war jedoch auch der erste Schritt zu einer allgemeinen Höherbewertung der fremden Dinge und führte allmählich dazu, die eigenen gering zu achten, durch fremde zu ersetzen und wegzugeben. Da es vor allem der Warenbesitz bis hin zu Schiffen und Flugzeugen war, der in den Augen der Einheimischen die Weißen von ihnen unterschied, war es nur logisch, dass man möglichst so werden musste wie die Weißen, um auch ihrer Produkte habhaft zu werden; das wiederum bedeutete, sich von den Zeugnissen der eigenen kulturellen Tradition zu trennen.

Angekommen: Auspacken der Sammlung im alten Magazin des Museums für Völkerkunde am Danziger Platz; ganz rechts der Sammler Meinhard Schuster

Diese hier nur knapp skizzierte Art des Denkens, die zumal in der Nachkriegszeit im melanesischen Raum verbreitet war, hatte sich besonders an den Schiffsladungen entzündet, die in den Häfen Neuguineas ausgeladen wurden; so wurde „cargo" dafür zum Schlagwort, und es bildeten sich „Cargo-Kulte" heraus – religiöse Bewegungen, die durch Rituale die begehrten weißen Güter zu erlangen suchten und neben der Bezugnahme auf die eigenen Ahnen auch christliche Elemente in ihre vielfältigen Argumentationswege aufnahmen. Dazu gehörte im Extremfall die Verbrennung eigener religiöser Skulpturen, die auch am Mittelsepik vorkam; vielleicht war aber auch schon das Verrottenlassen solcher Schnitzwerke im Sumpf am Dorfrand dem weiteren Bereich dieser Gedankenwelt zuzuordnen. Ihr Entstehen bedeutete jedoch keineswegs, dass die alten geistigen und sozialen Orientierungen aufgegeben worden wären. Das hochkomplexe, auf dem Zusammenwirken einer Dual- und einer Clanordnung beruhende, ideell und rituell reich ausgestaltete sozioreligiöse System war noch weitgehend intakt, die Dörfer waren voll besiedelt, die beeindruckenden Häuserfronten entlang der Flussufer standen noch, und auch die in der deutschen Kolonialzeit neu eingeführten Ämter eines Dorfchefs und seines Stellvertreters als Ansprechpartner der Verwaltung wurden noch ausgeübt.

Im Ganzen verlief damals das Zusammenleben von Einheimischen und Weißen nach unserem Eindruck ohne größere Konflikte; das lag einerseits gewiss daran, dass die australische Verwaltung ihre Aufgabe sehr zurückhaltend wahrnahm und sich in das dörfliche Leben nicht einmischte, zum anderen daran, dass in jenen Jahren überhaupt nur sehr wenig Fremde am mittleren und unteren Sepik ansässig waren - vor allem Verwaltungsbeamte, Missionare und Händler. Denn das Sepik-Becken mit seinen großen jährlichen Überschwemmungen bot zwar der einheimischen Bevölkerung auf der Basis von Sago und Fisch ausreichend Nahrung, eignete sich jedoch nicht zum Anbau weltmarktfähiger Produkte, so dass jeglicher Anreiz für Siedler und damit der Streit um Land zwischen Einheimischen und

Einwanderern entfiel; die starke Moskitoplage und die ihr entsprechende Häufigkeit von Malaria verstärkten die Unattraktivität des Gebiets für Weiße.

Das entspannte politische Klima kam natürlich auch unserer Reise sehr zustatten – schon deshalb, weil die Diebstahlgefahr sehr gering war. Wir waren den Mittellauf des Flusses bis zu den Washkuk-Hügeln am Beginn des Oberlaufs hinaufgefahren, nach Angoram zurückgekehrt und hatten uns dann getrennt, um noch weitere Gebiete erreichen zu können; Haberland fuhr an den Sepik-Unterlauf und nach Süden an den Korewori, an den er 1963 zusammen mit Siegfried Seyfarth noch einmal zurückkehrte, ich selbst suchte die Maprik-Region im Norden auf und kehrte dann auf dem Fluss wieder nach Angoram zurück, wo wir unsere ganze Sammlung in einem kleinen Verwaltungsgebäude lagern konnten. Wir hatten auch einige größere Stücke (Kanus, Schlitztrommeln, alte Hauspfosten) erwerben können und waren deshalb sehr erleichtert, dass mittlerweile – wie wir inzwischen schon erfahren hatten – dank der Hilfe der Stadt im alten Neckermann-Gebäude am Ostbahnhof ein großer Teil des geräumigen Erdgeschosses zur Aufnahme der Sammlung in Frankfurt zur Verfügung stand; im Riederwaldbunker wäre gewiss kein Platz dafür gewesen. So blieb am Sepik nur noch die mehrere Wochen dauernde Verpackung der Sammlung in große grobe Holzkisten, die in Angoram gemacht werden konnten, und ihre, wie das Foto im Treppenhaus zeigt, etwas abenteuerliche Verschiffung von Angoram zum Überseehafen Madang auf einem der kleinen Küstenschiffe in einer zum Glück sturmfreien Nacht. Aber die Kisten kamen an, und eine Auswahl aus ihrem Inhalt ist jetzt hier zu sehen.

Ich freue mich darüber, wünsche der Ausstellung und den mit ihr verbundenen Aktivitäten vollen Erfolg, danke allen, die dabei mitgewirkt haben, für ihre Arbeit und Ihnen für Ihr geduldiges Zuhören.

Die ausgepackte Sammlung im alten Magazin des Museums für Völkerkunde

Forschung hautnah

Diese von der Museumspädagogik konzipierte Ausstellungseinheit besteht aus zwei unterschiedlichen Bereichen: Einer davon nimmt als Installation direkt auf die Situation von Wissenschaftlern im Feld Bezug, der andere hat den Kulturvergleich zum Thema.

Mithilfe einer inszenierten Forschungsstation werden Kinder und Jugendliche angeregt, sich in die Rolle von Ethnologen oder Ethnologinnen im Jahr 1961 zu versetzen. Ein Foto zeigt das Innere eines Hauses. Davor stehen auf einer Veranda mit Moskitonetz Reiseschreibmaschine und Tonbandgerät. Schon allein diese heute veralteten, vielen Kindern völlig unbekannten Geräte lassen die Feldforschung vor über vierzig Jahren genauso fremd erscheinen wie das Leben in einer anderen Kultur.

In einem Regal mit Fotowand werden Alltagsgegenständen vom Sepik europäische moderne Gebrauchgegenstände gegenübergestellt. Ein Löffel aus Kokosschale liegt neben einem Esslöffel aus Metall. Eine geflochtene Tasche, in der Sagofladen zur Gartenarbeit oder zum Spielen mitgenommen werden können, entspricht einer Butterbrotdose aus Plastik. So wird zu Vergleichen zwischen den Kulturen angeregt.

Ein Entdeckerhandbuch für Kinder enthält Texte, Bilder, Rätsel und Suchaufgaben, die zu einer aktiven Auseinandersetzung mit den Inhalten der Ausstellung anleiten. Texte mit fiktiven Biographien, Feldnotizen und Tagebucheintragungen vertiefen die Einblicke in die Feldforschungssituation.

53

Medien

Die Thematik der heiligen Flöten aus Raum 4 und Raum 10 wird mit Hilfe des Mediums Film vertieft. Aus dem abgedunkelten Medienraum ertönen leise und fremd klingende Stimmen, Trommeln und Flötenmusik. Die heiligen Flöten wurden im Inneren des Männerhauses aufbewahrt und benutzt, da sie vor den Blicken Uneingeweihter geschützt werden mussten. Außerhalb des Filmraumes können Besucher – wie die Frauen in den Sepik-Dörfern – nur die Klänge der Flöten vernehmen.

Betritt der Besucher den Raum, kann er Melodien und Töne zuordnen. In Filmen wird gezeigt, wie die Schlitztrommeln geschlagen und die immer paarweise verwendeten Flöten geblasen werden. Die kürzere Flöte mit dem höheren Klang verkörpert meist ein weibliches, die längere, tiefer klingende Flöte ein männliches Wesen. Die tanzenden Männer und Frauen auf dem Platz vor dem Männerhaus im Dorf geben einen Einblick in das rituelle Leben am Mittleren Sepik der 1970er Jahre. Neben dem Spielen der Instrumente und dem Tanzen wird auch das Schmücken und Schminken der Tänzer gezeigt.

Hermann Schlenker drehte von 1972 bis 1974 während der Basler Sepik-Expeditionen Dokumentarfilme für Forschung und Lehre, die vom Institut für den Wissenschaftlichen Film Göttingen herausgegeben wurden. Im Wechsel werden zwei seiner Filme gezeigt:

Film E 2477 (1974):
„Tanzfest mit der Flöte »Yawanganamak« in Palimbei".
Iatmul (Neuguinea. Mittlerer Sepik)
von Hermann Schlenker.
Institut für den wissenschaftlichen Film Göttingen.

Film E 2859 (1974):
„Flötenspiel und Schlitztrommelschlagen bei einer Kanuweihe in Palimbei".
Iatmul (Neuguinea. Mittlerer Sepik)
von Hermann Schlenker.
Institut für den wissenschaftlichen Film Göttingen.

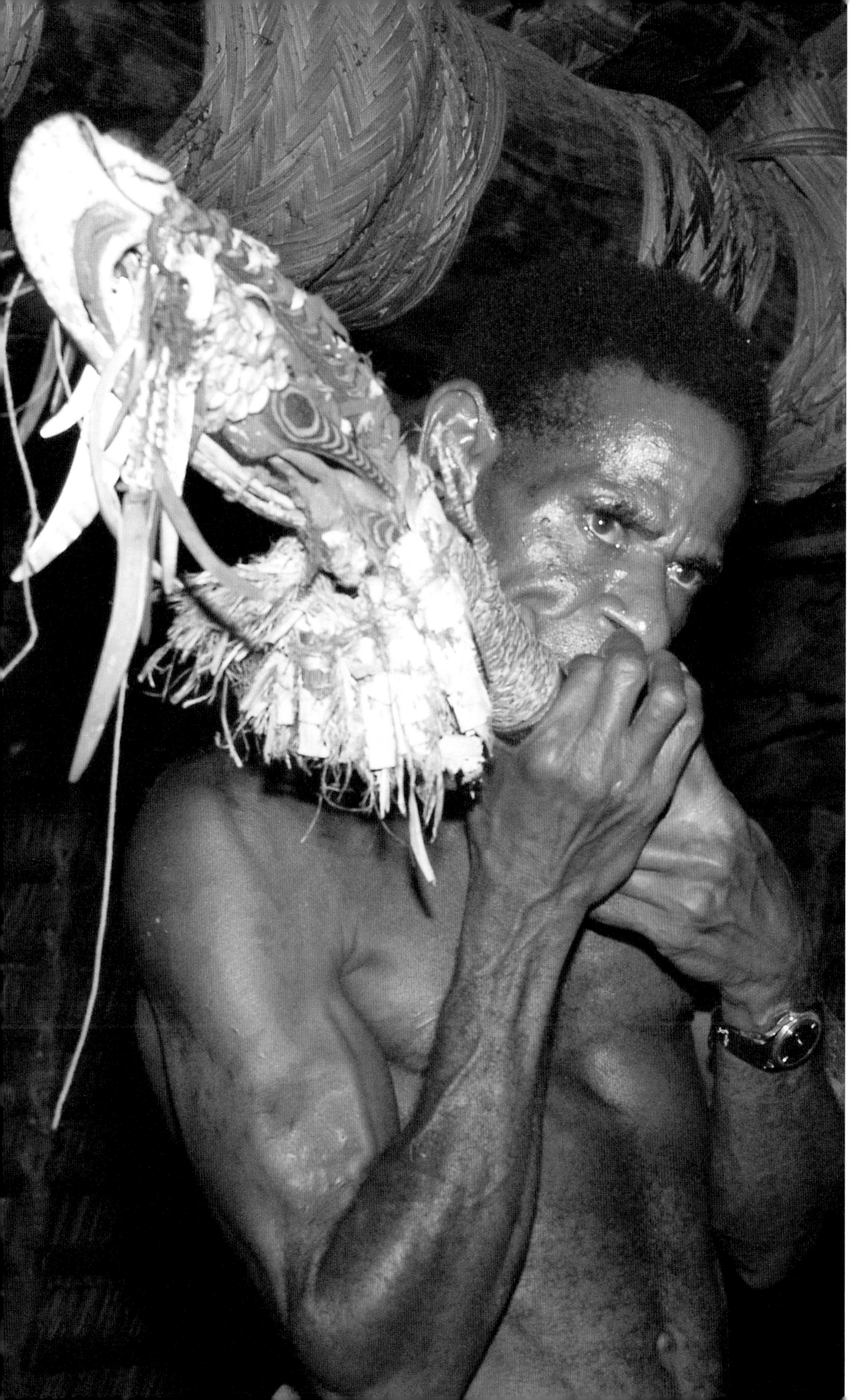

Zwischen den Zeiten – im Magazin

Hier erwartet Besucher und Besucherinnen eine gänzlich neue Situation. Sie befinden sich nicht mehr am Sepik im Jahr 1961, sondern betreten ein Museumsmagazin, das hier mit Schreibtisch, Karteikarten und Computer angedeutet wird. Große Wandfotos von Rollschränken und Regalen vermitteln Einblicke in das reale Magazin des Museums der Weltkulturen in Frankfurt. Das Flussmotiv im Bodenbelag steht nun für den im Gegensatz zum Sepik begradigten Main.

Die Zeit scheint im Museumsdepot still zustehen. Die in diesem Raum ausgestellten Objekte wirken auf den ersten Blick wie abgestellt. Ihre Reise durch die Zeit ist aber nur scheinbar zu Ende. Die tägliche Museumsarbeit besteht aus dem Archivieren, Dokumentieren und Erforschen der Sammlungsgegenstände, die keineswegs unbeachtet und für Jahre weggeschlossen in Schränken und Regalen verschwinden.

Archivieren, Dokumentieren und Forschen

Im Museum sind ethnographische Gegenstände aus ihrem ursprünglichen Kontext gelöst. Sie erhalten neue – akademische und ästhetische – Bedeutungen und gehen endgültig in den Besitz einer europäischen Öffentlichkeit über.

Arbeiten nach Ankunft der Objekte im Magazin:

Restauratorische Behandlung der Objekte:
- Schädlingsvernichtung
- Bearbeitung von Transportschäden

Standortvergabe:
- Einräumen in geeignete Schränke

Inventarisierung:
- Eintrag in ein Eingangsbuch
- Anlage einer Karteikarte (bzw. Computereintrag) mit Objektbeschreibung, Herkunftsangaben, Art und Zeit des Erwerbs, Person des Herstellers, des Sammlers

ndige Objektbeschreibung umfasst:
ichnung und einheimischer Name
rial und Funk
stechnik und
e bzw. rituel
licher Kont

Kontinuierlich wird der Wissensstand zu Funktion und Bedeutung der Sammlungsgegenstände erweitert und aktualisiert. Ausgelegten Büchern, Karteikarten und einer digitalen Datenbank können Besucher zu den im Raum ausgestellten Objekten Informationen entnehmen und sich damit in die Situation von Museumsethnologen und -ethnologinnen versetzen. Über die Datenbank abrufbar sind zudem kurze Sequenzen aus Dokumentarfilmen, die den Gebrauch der Gegenstände in Alltag und Ritualen zeigen.

Das bereits im ersten Teil der Ausstellung in seinem kulturellen Kontext beschriebene Rednerpult wird anhand mehrerer Exemplare erneut thematisiert. Gerade am Beispiel dieses Ritualobjektes lässt sich auch für den Laien gut nachvollziehen, wie sich mit zunehmendem Wissen der Blick auf einen zunächst unbekannten Gegenstand stetig wandelt.

Rednerpult

Holz, Naturfarben

Iatmul, Dorf Tigawi, Mittlerer Sepik,

Sammlung Haberland und Schuster 1961

Rednerpulte bestehen immer aus einer hockerartigen Fläche und einer männlichen Figur mit Gesichtsbemalung. Da sie Stühlen ähneln, wurden sie in der älteren Literatur oft als „Sessel" in die Kategorie der „Sitzgeräte" eingeordnet (s. Reche 1913: 164). Es handelt sich jedoch nicht um Sitzgelegenheiten, sondern um Pulte, die mitten im Männerhaus dicht am First tragenden Mittelpfosten standen. Auch heute noch werden diese Figuren ihrer Form wegen sehr oft irreführend als Stuhl bezeichnet, obwohl durch die ethnologische Feldforschung ihre eigentliche Funktion als Rednerpulte längst untersucht wurde (s. z.B. Bateson 1958: 126; Stanek 1987: 631-634). Bei Diskussionen um soziale, politische und religiöse Belange treten die Redner an das Zeremonialpult und legen wie zur Bekräftigung ihres Vortrags für jedes vorgebrachte Argument ein Palmfiederblatt auf der Pultfläche ab. Diese praktische Funktion eines solchen Pults ist eng mit seinem sakralen Aspekt verbunden. In der Vorstellung der Iatmul existieren verschiedene auf die Welt aktiv Einfluss nehmende Wesenheiten: Schöpferwesen und Kulturheroen, Waldgeister und die Seelen der Verstorbenen. Treten sie in Kontakt mit den Menschen, werden alle diese Wesen als wakin bezeichnet (Schmid u. Kocher-Schmid 1992: 9). Es gibt eine große Anzahl von wakin, die den verschiedenen Abstammungsgruppen, den Klanen, zugeordnet werden. Ein solches Geistwesen ist Klanahn und Schutzgeist in einem und besetzt während bestimmter Rituale das Rednerpult in dem Männerhaus, das den Angehörigen seines Klans gehört. Die stilistisch sehr unterschiedlich ausgeführten Figuren sind Repräsentationen des jeweiligen Klanahnen. Jede Figur trägt den Namen des ihr innewohnenden Ahnen und als Gesichtsbemalung die Zeichen ihres Besitzerklans.

Das mit Neuguinea unvertraute Museumspublikum sieht in den Pulten zunächst ein kunstvoll gestaltetes Sitzmöbel. Erst die im Wandtext gestellte Frage: „Ist ein Stuhl ein Stuhl?" stößt den Betrachter oder die Betrachterin darauf, dass man nicht von der scheinbar bekannten äußeren Gestaltung auf eine ebenso bekannte Verwendung schließen kann. So zeigen gerade die Zeremonialpulte vom Sepik besonders eindringlich, dass die Bedeutung von uns kulturell fremden Kunstwerken nur aus ihrer Entstehungskultur heraus erklärt werden kann.

59

Zwischen den Zeiten – Objektbefragung

Auch hier befindet man sich immer noch im Museumsmagazin am Main. Die bereits im vorangehenden Raum thematisierte „Objektbefragung" wird nun vertieft. Welche Quellen stehen überhaupt zur Verfügung, um sich die Bedeutung eines kulturell unbekannten Gegenstandes zu erschließen?

Im Museum sind ethnographische Gegenstände aus ihrem ursprünglichen Kontext gelöst. Im Idealfall publiziert ein Sammler seine Forschungen im Feld als zusammenhängende Monographie und beschreibt darin alle von ihm gesammelten Gegenstände in ihrem kulturellen Kontext. Sehr oft ist jedoch die Dokumentation zum einzelnen Objekt so lückenhaft, dass seine Bedeutung nur aufgrund von Vergleichsmaterial aus der Literatur bestimmt werden kann. Die europäische Forschung am Sepik umfasst nahezu ein Jahrhundert. Im Verlauf dieser Zeit sind viele wissenschaftliche Arbeiten veröffentlicht, viele Mythen und Informationen zusammen getragen worden, mit deren Hilfe sich der kulturelle Kontext der meisten im Magazin des Frankfurter Museums aufbewahrten Objekte rekonstruieren lässt. Anhand der heiligen Flöten, die bereits im unteren Teil der Ausstellung und in den Filmen im Medienraum in ihrem sakralen Kontext erklärt wurden, wird der Weg einer solchen Objektinterpretation aufgezeigt.

Das Photo von männlichen Flötenspielern und ein Paar heilige Flöten zusammen mit einem Aufhängehaken, der wie ein männlicher Tänzer mit Skarifizierung gestaltet ist, betonen noch einmal die Zugehörigkeit dieser Instrumente zum männlichen Bereich. Im Mittelpunkt der Präsentation steht jedoch die figürliche Darstellung einer Flöte spielenden Frau mit Initiationsnarben. Nachdem im Verlauf der Ausstellung bereits mehrere Male auf den geheimen Charakter der Musikinstrumente hingewiesen wurde, kommt folgende Frage auf: Spielt die Frau etwa auf einer heiligen Flöte? Warum? Diese sind doch Sakralobjekte und werden – geschützt vor den Blicken der Frauen – im Männerhaus aufbewahrt und auch nur von Männern gespielt! Die Darstellung birgt in sich einen Widerspruch, der sich auflöst, wenn man sich in der entsprechend aufbereiteten Broschüre über diese Figur informiert. Die abgebildete Karteikarte gibt nur das wieder, was man ohnehin selbst sehen kann: „weibliche Figur mit Skarifizierung". Dann aber folgt eine – bereits aus dem ersten kontextorientierten Teil der Ausstellung bekannte – Wiedergabe der Mythe, die vom weiblichen Ursprung der heiligen Flöten erzählt. Es liegt also nahe, die Figur als Darstellung einer der mythischen Erfinderinnen dieses Musikinstruments zu deuten.

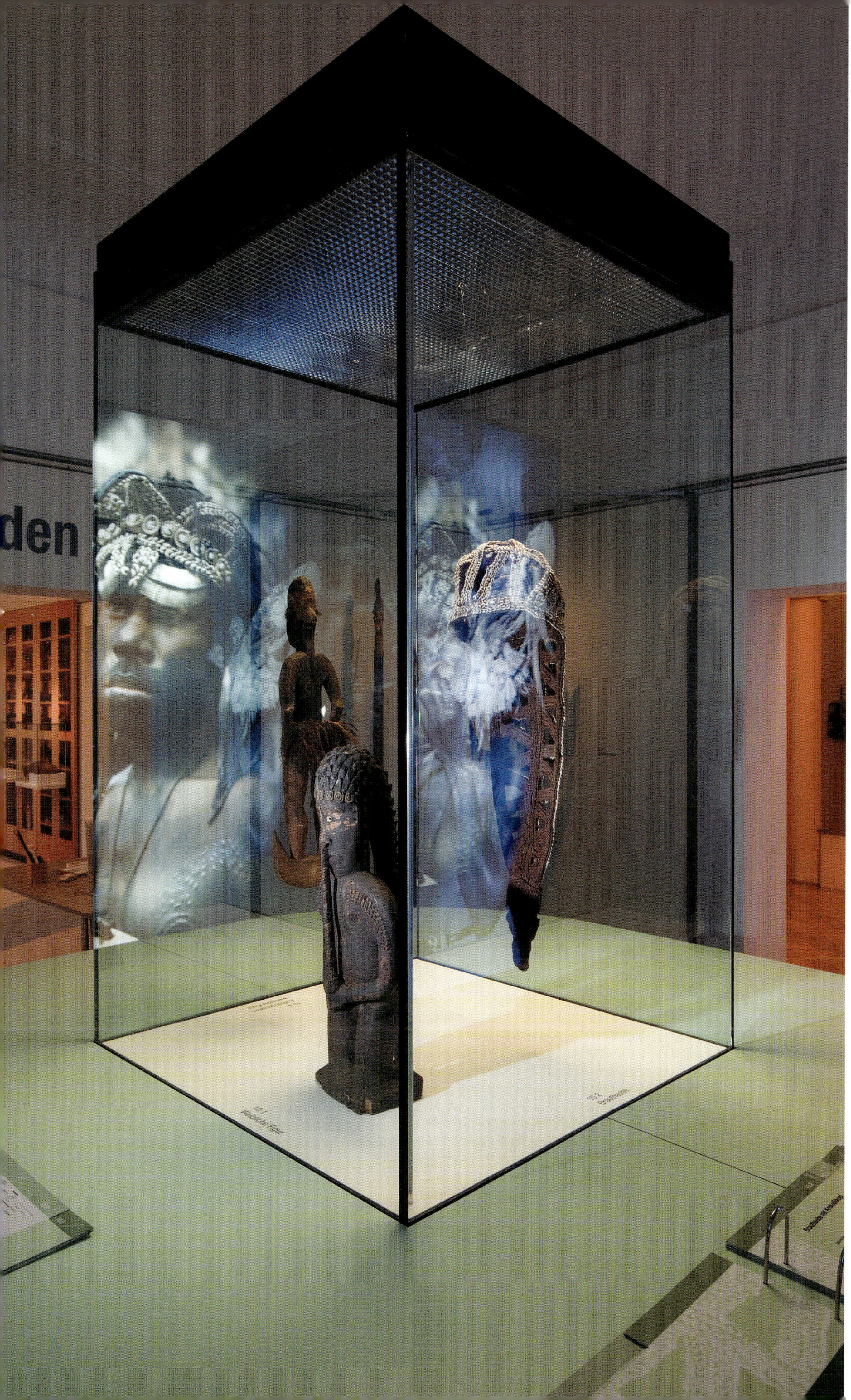
den

Weibliche Figur

Holz

Iatmul, Dorf Kanganamun, Mittlerer Sepik

Sammlung Haberland und Schuster 1961

Es handelt sich um die Darstellung einer Ahnfrau. Auf Brust und Rücken trägt sie Initiationsnarben, auf dem Kopf eine Brauthaube. Ihre Nase ist wie zu einer Flöte verlängert. Mit wohlgeformter kräftiger Muskulatur an Armen und Schenkeln, einem geraden, langen Nasenrücken entspricht diese Frauendarstellung ganz dem Schönheitsideal der Iatmul.

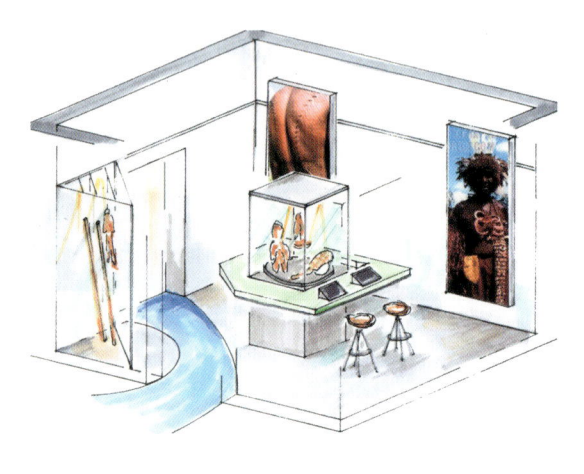

Obwohl Männern und Frauen im Alltag ganz unterschiedlichen Aufgaben nachgehen und ihr Leben von einer starken Geschlechtertrennung bestimmt ist, sind in den religiösen Vorstellungen der Iatmul männliches und weibliches Prinzip eng miteinander verknüpft. In vielen Ritualen verschwimmen die Grenzen zwischen männlicher und weiblicher Identität. In einem zentralen Ritual, in dem Männer ihre Nichten und Neffen ehren, verkörpern die Mutterbrüder ihre Schwestern und treten als Frauen gekleidet auf. Bei derselben Gelegenheit kleiden sich die Tanten väterlicherseits als Männer, um den Klan des Vaters der gefeierten Kinder zu repräsentieren (vgl. Stanek 1983: 276ff.). In anderen Ritualen treten jeweils zwei Männer als Ahnfrauen auf. Wie die hier abgebildete Frauenfigur tragen auch sie die Brauthaube als Zeichen der verkörperten Weiblichkeit. Das Schnitzwerk bezieht sich gleichermaßen auf die Darstellung der Ahnfrauen im Ritual und auf die Mythe von den heiligen Flöten. Dieser Ursprungsmythe zur Folge wurden die Flöten von zwei Schwestern erfunden, dann aber von den Männern geraubt. Viele Versionen dieser am Sepik weit verbreiteten Geschichte erzählen von einer früheren „verkehrten" Welt, in der die Frauen jagten, Krieg führten und die heiligen Zeremonien ausrichteten, während die Männer den Haushalt führten (Schmid u. Kocher-Schmid 1992: 52).

63

Brauthaube

Pflanzenfasern, Nassaschnecken

Iatmul, Dorf Kosimbit, Mittlerer Sepik

Sammlung Haberland und Schuster 1961

Bei der Heirat überreicht der Bräutigam der Familie seiner Braut Schneckengeld. Hierzu reihte man Schneckengehäuse an eine mehrere Meter lange Schnur aus Pflanzenfasern. Auch die Braut wird mit einer solchen Schnur geschmückt, mit Baumharz eingerieben und mit roter Farbe bemalt. Als besondere Ausstattung kommt die Brauthaube ambusap hinzu. Aus Pflanzenfasern in A-jour-Technik geflochten ist sie mit vielen kleinen Nassaschnecken besetzt. Das lange bis auf den Rücken hinab reichende Flechtwerk endet in Form eines kleinen Krokodilkopfes mit Augen aus Kaurischnecken und aufklappbarem Maul. Diese Darstellung symbolisiert eine enge Verbindung zum Urkrokodil, welches nach den Vorstellungen der Iatmul einst die Welt erschaffen hat. In der Heirat verbinden sich männliches und weibliches Prinzip – es entsteht eine Einheit.

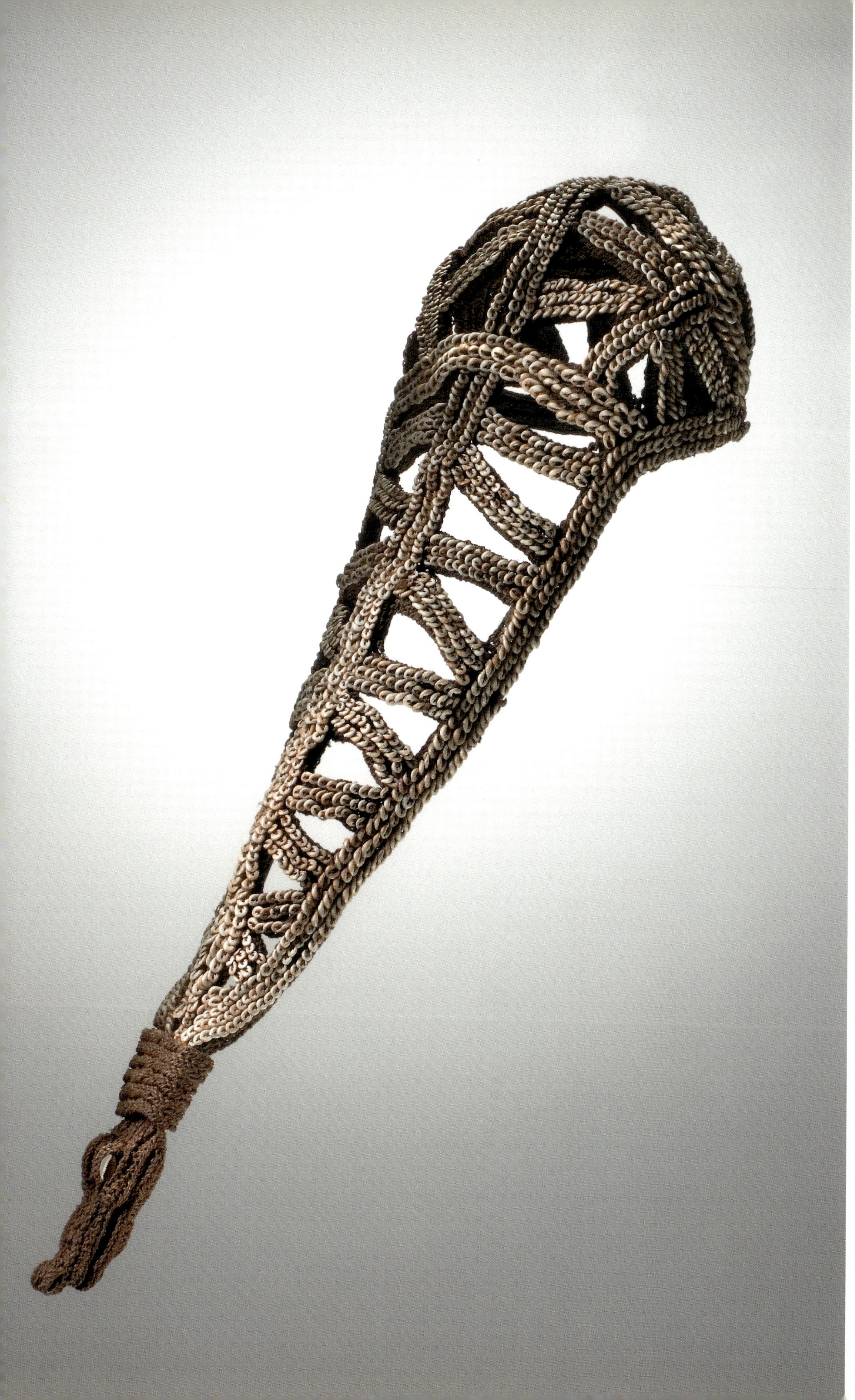

2007
in der Kunstgalerie

Der Wechsel in der Präsentationsweise ist abrupt. Das Flussmotiv bricht ab. Besucher und Besucherinnen verlassen das „Museum im Museum" und betreten nun eine Kunstgalerie der heutigen Zeit. Bewusst wird hier eine Irritation beim Museumspublikum hingenommen.

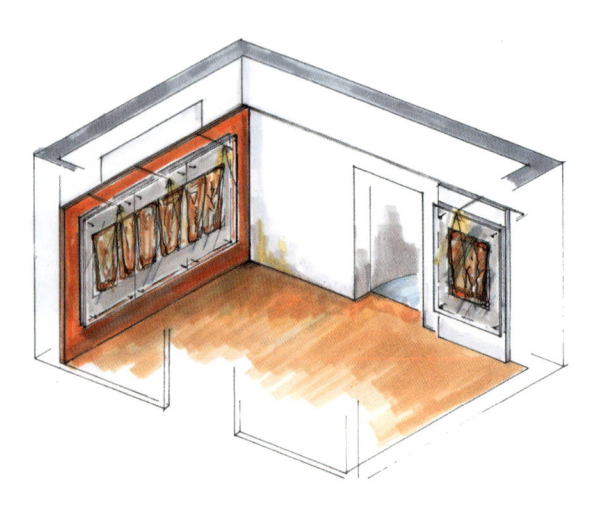

Gezielt wurden für den ersten Galerieraum solche Stücke ausgewählt, die der europäischen Vorstellung vom Tafelbild am nächsten kommen. Es handelt sich dabei um die Malereien auf Palmblattscheide, die bereits als Schädelhalter und Wandverkleidungen von Männerhäusern vorgestellt wurden. Ihre künstlerische Komposition beeindruckt durch Zusammenspiel von Formen und Farben auch ohne weitere Erklärungen. Um sich Funktion und Bedeutung zu erschließen, haben Museumsbesucher nur die Möglichkeit, auf das zurückzugreifen, was ihnen von den Erklärungen der ersten Ausstellungsräume im Gedächtnis geblieben ist.

Die Inszenierung der Kunstgalerie 2007 soll Impulse setzen, über die aktuelle Diskussion um „Kunst oder Kontext" nachzudenken. Reicht allein die Betrachtung als Kunst aus, ein Exponat zu verstehen? Oder ist erst seine Einbindung in einen kulturellen Kontext Voraussetzung zum Nachvollziehen seiner Ästhetik und zum Verständnis seiner Bedeutung?

11.2
Malerei auf
Palmblattscheide,
Mittlerer Sepik,
vor 1961

Wandverkleidung eines Männerhauses

Malereien auf Palmblattscheide

Dorf Avim, Arafundi-Fluss,

südliches Nebenflusssystem des Sepik

Sammlung Eike Haberland 1961

Vom Gebiet des mittleren Sepik gelangt man über den Korewori zum Arafundi-Fluss. Dort liegt am Nordhang einer hohen Bergkette das Dorf Avim. Die materielle Kultur dieser Gegend wurde von der am mittleren und unteren Sepik beeinflusst. Im Jahr 1961 sammelte Eike Haberland bemalte Blattscheiden der Sagopalme (insgesamt 26 Stück), die alle zu der Wandverkleidung eines Männerhauses gehörten. Senkrecht stehend und mit Rotanschnüren befestigt kleideten sie im hinteren Teil des Hauses die untere Hälfte der Innenwand aus. In diesem Bereich lebten die unverheirateten und initiierten jungen Männer. Hier wurden auch die sakralen Gegenstände aufbewahrt.

Jede präparierte und geglättete Palmblattscheide ist mit weißen und braunroten Erdfarben und Holzkohle bemalt. Häufigste Ornamente sind Linien, Kreise, Spiralmuster und Wellen-Mäander („laufender Hund"). Unter den figürlichen Motiven finden sich immer wieder Fische, besonders Welse, die im gesamten Sepikgebiet gleichzeitig Nahrungsmittel und Klantier sind. Über ihre symbolische Bedeutung in den Malereien aus Avim gibt es bisher jedoch keine Aufzeichnungen. Herzförmige, aus Spiralen geformte anthropomorphe Gesichter sind ein weiteres Dekor. Dieses findet sich auch in der Narbentatauierung an den Oberarmen initierter Männer wieder (vgl. Haberland 1966b: 33-67).

Malereien auf Palmblattscheiden schmücken ausschließlich die Männerhäuser. Man findet sie im gesamten Sepik-Gebiet: Z.B. zieren sie bei den Iatmul das Gestell, das als Schädelhalter dient. Im Maprik-Gebiet integrieren die Abelam bemalte Blattscheiden als großflächige Außen- und Innenwände in die Architektur ihrer Ritualhäuser. Am May River sind sie Teil der Innenverkleidung im Männerhaus und bei den Kwoma spiegeln sie als Deckenverkleidung den Kosmos wider. Während es zu diesen Malereien, ihren Motiven, Farben und Techniken inzwischen nähere Forschungen gibt (vgl. Schuster 1969, Hauser-Schäublin 1989, Bowden 2006), ist die Ikonographie der Palmbalttmalerei am Arafundi-Fluss weitgehend unbekannt.

69

2007
in der Kunstgalerie

Ausgestellt ist hier eine Gruppe von Skulpturen, die vom Korewori, einem südlichen Nebenfluss des Sepik stammen. Aufgrund ihrer abstrakten Formensprache wirken sie einerseits wie moderne Werke europäischer Künstler. Andererseits werden sie, da sie im ersten Teil der Ausstellung gar nicht vorkommen und sich damit keine Bezüge zu vorangegangenen Kontext-Inszenierungen herstellen lassen, als anonyme Kunstwerke wahrgenommen. Ethnologische Hintergrundinformationen fehlen ganz und beim Betrachten der Werke aufkommende Fragen bleiben unbeantwortet.

Ein didaktisches Problem steht unausgesprochen im Raum: Spricht ein Gegenstand für sich oder versteht man ihn nur vor dem Hintergrund seiner kulturellen Bedeutung?

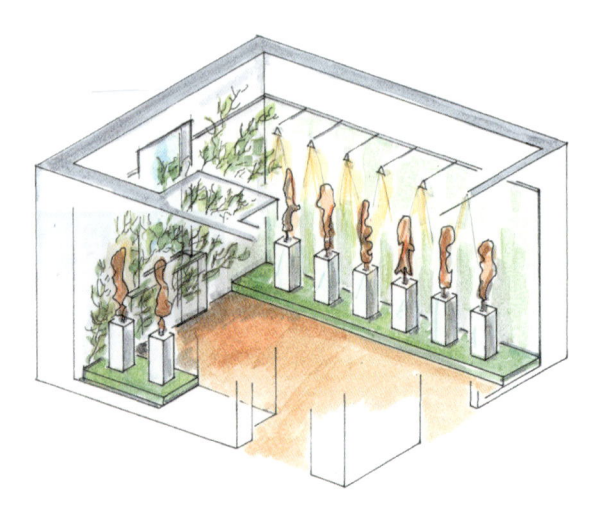

71

Figuren, *aripa*

Holz, Farbreste

Inyai-Ewa, Oberer Korewori

Sammlung Siegfried Seyfarth 1963

Beide Frauendarstellungen gehören zur Gruppe der aripa-Figuren der Inyai-Ewa, einer Ethnie, die im Quellgebiet des Korewori, einem südlichen Nebenfluss des Mittelsepiks lebt. Als diese Figuren im Jahr 1963 von Siegfried Seyfarth und Eike Haberland gesammelt wurden, sprachen die Bevölkerungsgruppen im abgelegenen Bergland südlich des Sepik noch kein Pidgin-Englisch, was eine detaillierte Befragung zur Bedeutung der Kunstwerke unmöglich machte. Die Sammler konnten jedoch in Erfahrung bringen, dass die Darstellungen als Jagdhelfer angesehen wurden, denen man Speiseopfer darbrachte (Haberland u. Seyfarth 1974: 375). Zehn Jahre später hielt sich der Ethnologe Christian Kaufmann bei den Inyai auf und konnte in Gesprächen mit Pidgin sprechenden Gewährsleuten weitere Details herausfinden. Nach Kaufmann (2003: 25) repräsentieren die weiblichen Skulpturen zwei mythische Schwestern. Diese beiden Ahnfrauen des Nashornvogel-Klans machten die Erdoberfläche für die Menschen bewohnbar. Sie schufen Täler und fanden die Nutzung der Sagopalme als Nahrungsquelle heraus. Unter Felsvorsprüngen – in Spalten und Höhlungen – standen diese weiblichen Figuren im Jagd- und Sammelgebiet der einzelnen Klane von den männlichen Jagdhelferfiguren getrennt. Der trockene Boden und der leichte Luftzug unter den Abris wirkten sich günstig auf die Erhaltung der Holzfiguren aus. Eine Radiokarbon-Untersuchung vergleichbarer Stücke aus dem Museum in Basel ergab ein für Schnitzwerke aus Neuguinea erstaunlich hohes Alter zwischen ungefähr 400 und 200 Jahren (Kaufmann 2003: 27).

Die aus flachen Wurzelhölzern gefertigten Figuren werden durch plastisch herausgearbeitete Brüste und Scheide als weiblich ausgewiesen. Spiralornamente deuten möglicherweise auf die Gedärme hin. Spitze Zacken, die einen runden Punkt umgeben, stellen den Herz-Lungen-Komplex dar, der nach den Vorstellungen der Inyai-Ewa als Lebenszentrum gilt. Der auffällige Strahlenkranz, der wie Flammen den Kopf einer der Fraufiguren umgibt, ist nicht sicher zu deuten. Hierzu gibt es keine genauen Angaben oder Vergleichsobjekte. Zum einen könnte es sich um die Darstellung einer Frisur handeln, zum anderen wurde das Strahlenmuster vielleicht aus der typischen Armhaltung der weiblichen aripa-Figuren heraus entwickelt. Die Strahlen erinnern auch an Felsmalereien. Diese wurden entweder zur Erinnerung an einen Verstorbenen oder nach einer erfolgreichen Jagd angebracht. Man legte dazu eine Hand an die Felswand und übersprühte diese mit Farbe. So entstand ein Handnegativ, dessen Finger wie die Zacken oder Strahlen der aripa-Figuren anmutete (vgl. Kaufmann 2003: 19).

73

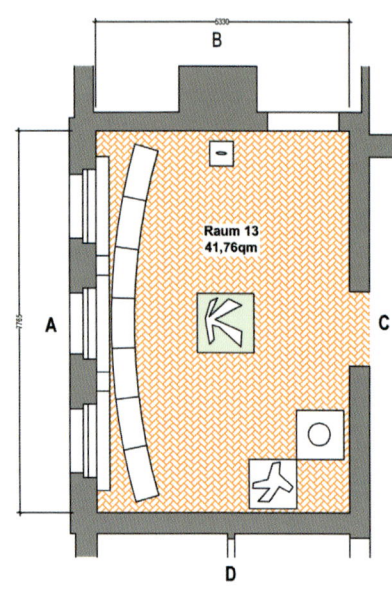

2007
in der Kunstgalerie

Die in diesem Raum ohne Erklärung präsentierten Exponate sind dem Museumspublikum in ihrer rituellen Funktion als Architekturteile und Einrichtungsgegenstände von Männerhäusern bereits bekannt. Das als reines Kunstwerk ausgestellte Rednerpult, dessen sakrale Bedeutung im Rahmen der Ausstellungseinheit „Im Männerhaus" erklärt und dessen Erforschung durch Ethnologen im „Museumsmagazin" beschrieben wurde, markiert die letzte Station einer Reise. In einer Kunstgalerie endet der Weg der Dinge: Sie sind in Europa angekommen – nicht nur physisch in einer europäischen Kunstausstellung, sondern auch im übertragenen Sinn im europäischen Kunst-Bewusstsein.

Auf einem Podest in der Mitte des Raumes steht die Giebelfigur eines Männerhauses. Die Spuren von Verwitterung lassen auf Alter und Authentizität schließen. Macht das diese Skulptur besonders wertvoll? Sammler möchten authentische und qualitätvolle Stücke erwerben. Wer aber beurteilt Authentizität und Qualität der Stücke vom Sepik? Auf dem europäischen Kunstmarkt tritt die ethnologische Interpretation der Objekte in den Hintergrund. Hier geht es vor allem um ihren Sammel- und Marktwert. Dieser definiert sich über Provenienz, Alter und Seltenheit der Stücke. Da die indigenen Regeln für Herstellung und Bewertung der Objekte den europäischen Interessenten meist nicht bekannt sind, wird ein ausschließlich europäischer Maßstab angelegt. Sind in der Kunstgeschichte Europas entwickelte Beurteilungskriterien wie z. B. Stilsicherheit, Farbkomposition oder Bildaufteilung zur ästhetischen Analyse außereuropäischer Kunst ausreichend?

Ethnologische Museen sind Orte, an denen beide Sichtweisen – die europäische und die indigene – aufeinandertreffen. Eine Aufgabe ethnologischer Museen ist es, Präsentationsweisen zu entwickeln, die zwischen beiden Perspektiven vermitteln.

| 75

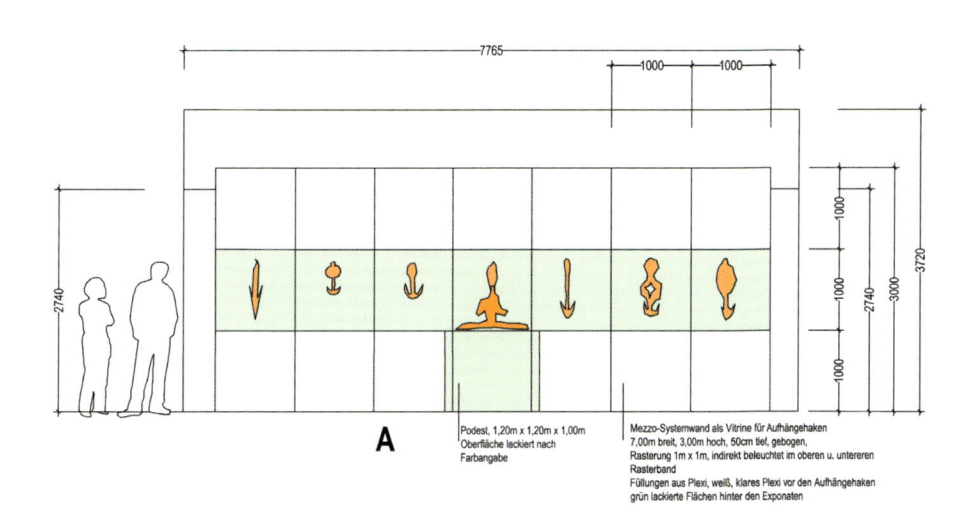

A

Podest, 1,20m x 1,20m x 1,00m
Oberfläche lackiert nach
Farbangabe

Mezzo-Systemwand als Vitrine für Aufhängehaken
7,00m breit, 3,00m hoch, 50cm tief, gebogen,
Rasterung 1m x 1m, indirekt beleuchtet im oberen u. unteren
Rasterband
Füllungen aus Plexi, weiß, klares Plexi vor den Aufhängehaken
grün lackierte Flächen hinter den Exponaten

Literatur

Amnesty International
2006 Papua New Guinea. Violence Against Women: Not Inevitable, Never Acceptable. AI Index: ASA 34/002/2006.

Baer, Gerhard und Susanne Hammacher (Hrsg.)
1990 Menschen in Bewegung. Reise – Migration – Flucht. Mensch, Kultur, Umwelt 4. Basel, Boston, Berlin.

Bateson, Gregory
1958 (1936) Naven. Stanford University Press.

Bowden, Ross
2006 Creative Spirits. Bark Painting in the Washkuk Hills of North New Guinea. Melbourne: Oceanic Art Pty Ltd.

Bühler, Adolf
1960 Kunststile am Sepik. Führer durch das Museum für Völkerkunde und Schweizerisches Museum für Volkskunde. Basel.

Greub, Susanne (Hrsg.)
1985 Art of the Sepik River. Papua New Guinea. Basel: Tribal Art Centre.

Haberland, Eike
1966a Beschnitzte Pfosten des Männerhauses munsimbit (Dorf Kanganamunam Sepik) in den Völkerkunde-Museen Stuttgart und Frankfurt. Tribus 15. 21-46.
1966b Zur Ethnographie der Alfendio-Region (Südlicher Sepik-Distrikt, Neuguinea). Jahrbuch des Museums für Völkerkunde zu Leipzig 23: 33-67. Leipzig.
1987 Die Neuguinea-Sammlung des Museums für Völkerkunde in Frankfurt am Main seit 1961. In: Münzel, M. (Hrsg.) 1987: 29-36.

Haberland, Eike und Siegfried Seyfarth
1974 Die Yimar am Oberen Korewori. Studien zur Kulturkunde 36. Wiesbaden: Franz Steiner.

Hauser-Schäublin, Brigitta
1977 Frauen in Kararau. Zur Rolle der Frau bei den Iatmul am Mittelsepik, Papua New Guinea. Basler Beiträge zur Ethnologie 18. Basel: Ethnologisches Seminar der Universität und Museum für Völkerkunde.
1985 Der geliebte Mann, die vergewaltigte Frau. Das Beispiel der Iatmul am mittleren Sepik, Papua-Neuguinea. In: Völger, Gisela und Karin von Welck (Hrsg.) 1985: 520-527.
1989 Kulthäuser in Nordneuguinea. Abhandlungen und Berichte des Staatlichen Museums für Völkerkunde Dresden 43. Berlin: Akademie-Verlag.

Hauser-Schäublin, Brigitta (Hrsg.)
1994 Geschichte und mündliche Überlieferung in Ozeanien. Basler Beiträge zur Ethnologie 37. Basel: Ethnologisches Seminar der Universität und Museum für Völkerkunde.

Holmes Williamson, M.
1990 Gender and Cosmos in Kwoma Culture. In: Lutkehaus, N., et al. (Hrsg.). Sepik Heritage. Tradition and Change in Papua New Guinea. S. 385-394. Bathurst: Crawford House Press.

Jensen, Adolf Ellegard
1964 Vorwort. In: Städt. Museum für Völkerkunde (Hrsg.) 1964: o. S.

Kaufmann, Christian
2003 Korewori – Magische Kunst aus dem Regenwald. Hrsg. Museum der Kulturen Basel: Christoph Merian Verlag.

Keck, Verena (Hrsg.)
1998 Common Worlds and Single Lives: Constituting Knowledge in Pacific Societies. Oxford: Berg.

Münzel, Mark (Hrsg.)
1987 Neuguinea. Nutzung und Deutung der Umwelt, Band 1 und 2. Roter Faden zur Ausstellung 12 und 13. Frankfurt am Main: Museum für Völkerkunde.

Raabe, Eva Ch.
2004 Haken; Pfosten, Rednerpulte – Stücke einer Sammlung. In: Ansichtssachen. Ein Lesebuch zu Museum und Ethnologie in Frankfurt am Main. Hrsg. Museum der Weltkulturen. Frankfurt am Main: Societätsverlag. S. 229-245.

Reche, Otto
1913 Der Kaiserin-Augusta-Fluss. Ergebnisse der Südseeexpedition 1908-1910. II. Ethnographie: A Melanesien Bd. 1. Hamburg: L. Friedrichsen u. Co.

Roesicke, Adolf
1914 Mitteilungen über ethnographische Ergebnisse der Kaiserin Augusta-Fluß-Expedition. Zeitschrift für Ethnologie 46: 507–522.

Schindlbeck, Markus
1980 Sago bei den Sawos. Mittelsepik, Papua New Guinea. Untersuchungen über die Bedeutung von Sago in Wirtschaft, Sozialordnung und Religion. Basler Beiträge zur Ethnologie 19. Basel: Ethnologisches Seminar der Universität und Museum für Völkerkunde.
1985 Männerhaus und weibliche Giebelfigur am Mittelsepik, Papua-Neuguinea. Baessler-Archiv. Beiträge zur Völkerkunde. Neue Folge. 33. Berlin.
2007 Unterwegs mit der Kolonialgesellschaft. In: Schindlbeck (Hrsg.) 2007: 65-90.

Schindlbeck, Markus (Hrsg.)
2007 Expeditionen in die Südsee. Begleitbuch zur Ausstellung und Geschichte der Südsee-Sammlung des Ethnologischen Museums. Veröffentlichungen des Ethnologischen Museums Berlin, Neue Folge 74, Fachreferat Südsee und Australien XIV. Berlin: Dietrich Reimer.

Schlaginhaufen, Otto
1910 Eine ethnographische Sammlung vom Kaiserin-Augustafluss in Neuguinea. Abhandlungen und Berichte des Königlichen Zoologischen und Anthropologisch-Ethnographischen Museums zu Dresden Bd. XIII, Nr. 2. Leipzig.

Schmid, Jürg und Christine Kocher Schmid
1992 Söhne des Krokodils. Männerhausrituale und Initiation in Yensan, Zentral-Iatmul, East Sepik Province, Papua New Guinea. In: Basler Beiträge zur Ethnologie 36. Basel: Ethnologisches Seminar der Universität und Museum für Völkerkunde.

Schultze-Jena, Leonhard
1914 Forschungen im Inneren der Insel Neuguinea. Mitteilungen aus den Deutschen Schutzgebieten. Ergänzungs-Heft 11. Berlin.

Schuster, Gisela
1987 Nutzung der Erde: Töpferei in Aibom. In: Münzel, M. (Hrsg.) 1987: 289-329.

Schuster, Meinhard
1961 Museums-Expedition nach Neuguinea. Frankfurt Lebendige Stadt. Vierteljahreshefte für Kultur, Wirtschaft und Verkehr 4: 1-5. Frankfurt am Main: Ernst A. Ihle.
1964 „Mittellauf" In: Sepik. Kunst aus Neuguinea. Aus den Sammlungen der Neuguinea-Expedition des Städt. Museums für Völkerkunde Frankfurt am Main. In: Städt. Museum für Völkerkunde (Hrsg.) 1964: 37-47.
1969 Die Maler vom May River. Palette 33: 3-19. Basel: Sandoz AG.
2003 Studenten- und Assistentenjahre im Frobenius-Institut 1948–1965. Paideuma. Mitteilungen zur Kulturkunde 49: 7-30.

Städt. Museum für Völkerkunde (Hrsg.)
1964 Sepik. Kunst aus Neuguinea. Aus den Sammlungen der Neuguinea-Expedition des Städt. Museums für Völkerkunde Frankfurt am Main. Frankfurt am Main.

Stanek, Milan
1982 Geschichten der Kopfjäger. Mythos und Kultur der Iatmul auf Papua-Neuguina. Köln: Diederichs.
1983 Sozialordnung und Mythik in Palimei. Bausteine zur ganzheitlichen Beschreibung einer Dorfgemeinschaft der Iatmul. East Sepik Province, Papua New Guinea. Basler Beiträge zur Ethnologie 23. Basel: Ethnologisches Seminar der Universität und Museum für Völkerkunde.

1987 Die Männerhaus-Versammlung in der Kultur der Iatmul (Ost-Sepik-Provinz, Papua-Neuguinea). In: Münzel, M. (Hrsg.) 1987: 621-643.
1994 Die Männerinitiation bei den Iatmul. Der Funktionswandel unter dem Einfluss der kolonialen Situation in Papua-Neuguinea. In: Hauser-Schäublin (Hrsg.) 1994: 217-236.

Stanek, Milan und Florence Weiss
1998 ‚Big Man' and ‚Big Woman' in the Village-Elite in the Town. The Iatmul, Papua New Guinea. In: Keck (Hrsg.) 1998: 309-327.

Thurnwald, Richard
1921 Die Gemeinde der Bánaro: Ehe, Verwandtschaft und Gesellschaftsaufbau eines Stammes im Innern von Neuguinea; aus den Ergebnissen einer Forschungsreise 1913–1915. Stuttgart: Enke.

Völger, Gisela und Karin von Welck (Hrsg.)
1985 Die Braut. Geliebt, verkauft, getauscht, geraubt. Zur Rolle der Frau im Kulturvergleich. Band 2. Köln: Rautenstrauch-Joest-Museum.

Wassmann, Jürg
1982 Der Gesang an den Fliegenden Hund. Untersuchungen zu den totemistischen Gesän-gen und geheimen Namen des Dorfes Kandingei am Mittelsepik anhand der kirugu-Knotenschnüre. Basler Beiträge zur Ethnologie 22. Basel: Ethnologisches Seminar der Universität und Museum für Völkerkunde.
1987 Der Biss des Krokodils: Die ordnungsstiftende Funktion der Namen in der Beziehung zwischen Mensch und Umwelt am Beispiel der Initiation, Nyaura, Mittel Sepik. In: Münzel (Hrsg.) 1987: 511-557.

Weise, Katrin
1993 Frauenpolitik in Papua-Neuguinea. Alte und neue Muster der internationalen Ausbeutung von Frauenarbeit. Frankfurt am Main: Verlag für Interkulturelle Kommunikation.

Weiss, Florence
1981 Kinder schildern ihren Alltag. Die Stellung des Kindes im ökonomischen System einer Dorfgemeinschaft in Papua New Guinea (Palimbei, Iatmul, Mittelsepik). Basler Beiträge zur Ethnologie 21. Basel: Ethnologisches Seminar der Universität und Museum für Völkerkunde.
1990 Abwanderung in die Städte. Der widersprüchliche Umgang mit kolonialen Ausbeutungsstrategien: Die Iatmul in Papua-Neuguinea. In: Baer und Hammacher (Hrsg.) 1990: 35-46.
1991 Die dreisten Frauen. Ethnopsychoanalytische Gespräche in Papua-Neuguinea. Frankfurt am Main: Edition Qumran im Campus Verlag.
1994a Wenn der Lebensraum zwischen Frauen und Männern aufgeteilt ist. Zum Beispiel: Die Iatmul in Papua-Neuguinea. In: swb Tagung. Wahrnehmen und planen mit Frauen und nicht gegen sie. Weiterdenken eines schwierigen Themas im Dialog. Basel.
1994b Die Unterdrückung der Fraueninitiation. Zum Wandel des Ritualsystems bei den Iatmul. In: Hauser-Schäublin (Hrsg.) 1994: 237.
2001 Vor dem Vulkanausbruch. Meine Freundinnen in Rabaul. Frankfurt am Main: Fischer Taschenbuch.

Autorenverzeichnis

Dr. Gerda Kroeber-Wolf
*1943
Ethnologin, 1963-1974 Studium in Tübingen und Berlin, 1971-1972 wissenschaftliche Mitarbeit und 1975-1977 Volontariat am Museum für Völkerkunde Berlin, seit 1977 wissenschaftliche Mitarbeiterin, dann Kustodin (Abteilung Museumspädagogik und Öffentlichkeitsarbeit) Museum der Weltkulturen Frankfurt am Main; Forschungs- und Sammelaufenthalte in Samoa und Neuseeland.

Dr. Eva Charlotte Raabe
*1957
Ethnologin, 1977-1985 Studium in Göttingen, seit 1985 wissenschaftliche Mitarbeiterin, dann Kustodin (Abteilung Ozeanien) Museum der Weltkulturen Frankfurt am Main; Lehraufträge in Marburg und Frankfurt, Forschungs- und Sammelaufenthalte in Papua Neuguinea und Australien, 1998/1999 International Research Fellow am Centre for Cross Cultural Research, Australian National University.

Katja Reuter, MA
*1971
Ethnologin, Kindheit in West-Papua, 1991-2007 Ausbildung und Tätigkeit als Krankenschwester, 1995-2001 Studium in Köln, 2001-2003 ehrenamtliche Mitarbeit am Rautenstrauch-Joest-Museum Köln, Arbeiten zu West-Papua, , 2007-2008 wissenschaftliche Volontärin (Abteilung Ozeanien) Museum der Weltkulturen Frankfurt am Main.

Heike Schäfer-Kolberg
*1960
Dipl. Designerin, Fachrichtung Innenarchitektur, FH Mainz, 1986-1989 Innenarchitektin für Einrichtungs- und Ausstellungsplanung, 1989-2003 Projektleiterin für Messe-, Event- und Ausstellungsplanung bei Hoechst AG, FFM und ab 1997 der daraus hervorgegangenen Werbeagentur Commserv GmbH, seit 2003 freiberufliche Tätigkeit als Designerin und Projektleiterin für Messe- und Ausstellungsgestaltung, Event-Organisation, Innenarchitektur und Möbeldesign.

Prof. em. Dr. Meinhard Schuster
*1930
Ethnologe, 1948-1956 Studium in Frankfurt, 1958-1962 Assistent am Frobenius-Institut bzw. Ethnologisches Seminar der Universität Frankfurt am Main, 1965-1970 Leiter der Ozeanien-Abteilung des Museums für Völkerkunde Basel, 1970-2000 ordentlicher Prof. für Ethnologie an der Universität Basel. Expeditionen: 1954-1955 Frobenius-Expedition nach Südvenezuela, 1961 Sammelexpedition an den Sepik für das Städtische Museum für Völkerkunde Frankfurt am Main, 1965-1967 Sepik-Expedition für das Museum für Völkerkunde Basel, danach weitere Sepik-Expeditionen im Rahmen des Ethnologischen Seminars der Universität Basel.

Renate Welkenbach
*1963
Diplom-Kommunikationsdesignerin, FH Mainz, seit 1986 freischaffende Tätigkeit.